# THE 阪神電鉄

広岡友紀 著

彩流社

# Contents

▲沿線には高層マンションが目立つ

# 阪神電鉄の路線

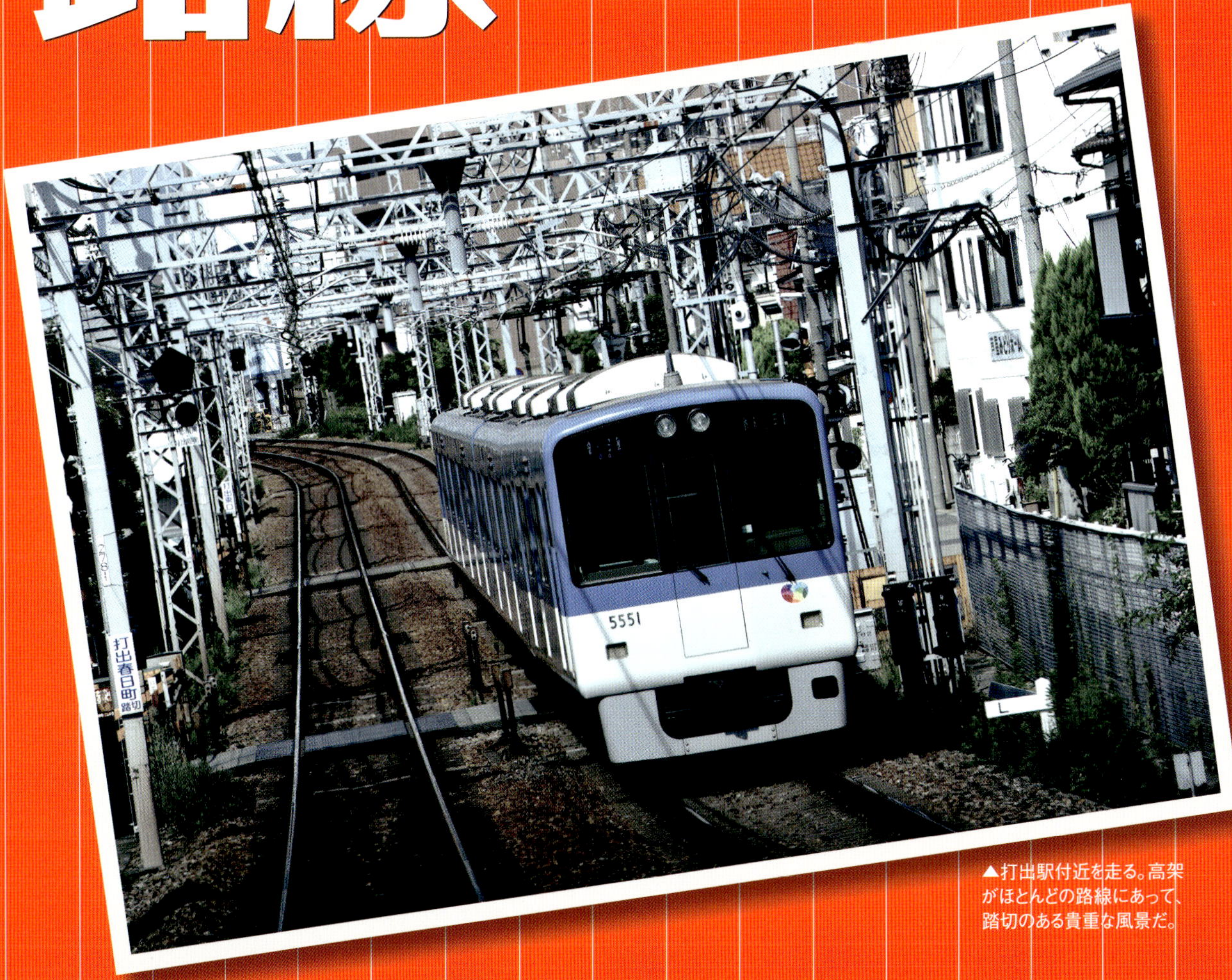


▲打出駅付近を走る。高架がほとんどの路線にあって、踏切のある貴重な風景だ。

# 阪神の走る風景 1

淀川橋梁（淀川〜姫島）

# 阪神電鉄路線図

本線
阪神なんば線
武庫川線
梅田
福島
野田
淀川
姫島
千船
杭瀬
大物
尼崎
出屋敷
尼崎センタープール前
武庫川
鳴尾
甲子園
久寿川
今津
西宮
香櫨園
打出
芦屋
深江
青木
魚崎
住吉
御影
石屋川
新在家
大石
西灘
岩屋
春日野道
神戸三宮
元町
福
出来島
伝法
千鳥橋
西九条
九条
ドーム前
桜川
大阪難波
東鳴尾
洲先
武庫川団地前
大阪府
兵庫県
大阪湾
尼崎西宮芦屋港
神戸港
尼崎港
大阪港
六甲アイランド
ポートアイランド
神戸空港
六甲ライナー
ポートライナー
マリンパーク
コスモスクエア
ニュートラム
大阪空港
新大阪
大阪
新神戸
三ノ宮
三宮
神戸
神戸三宮
兵庫
和田岬
西代
新長田
新幹線
JR線
私鉄路線
その他軌道
高速・有料道路
国道
軌間1435㎜
駅
複々線
複線
単線
トンネル
0
10km

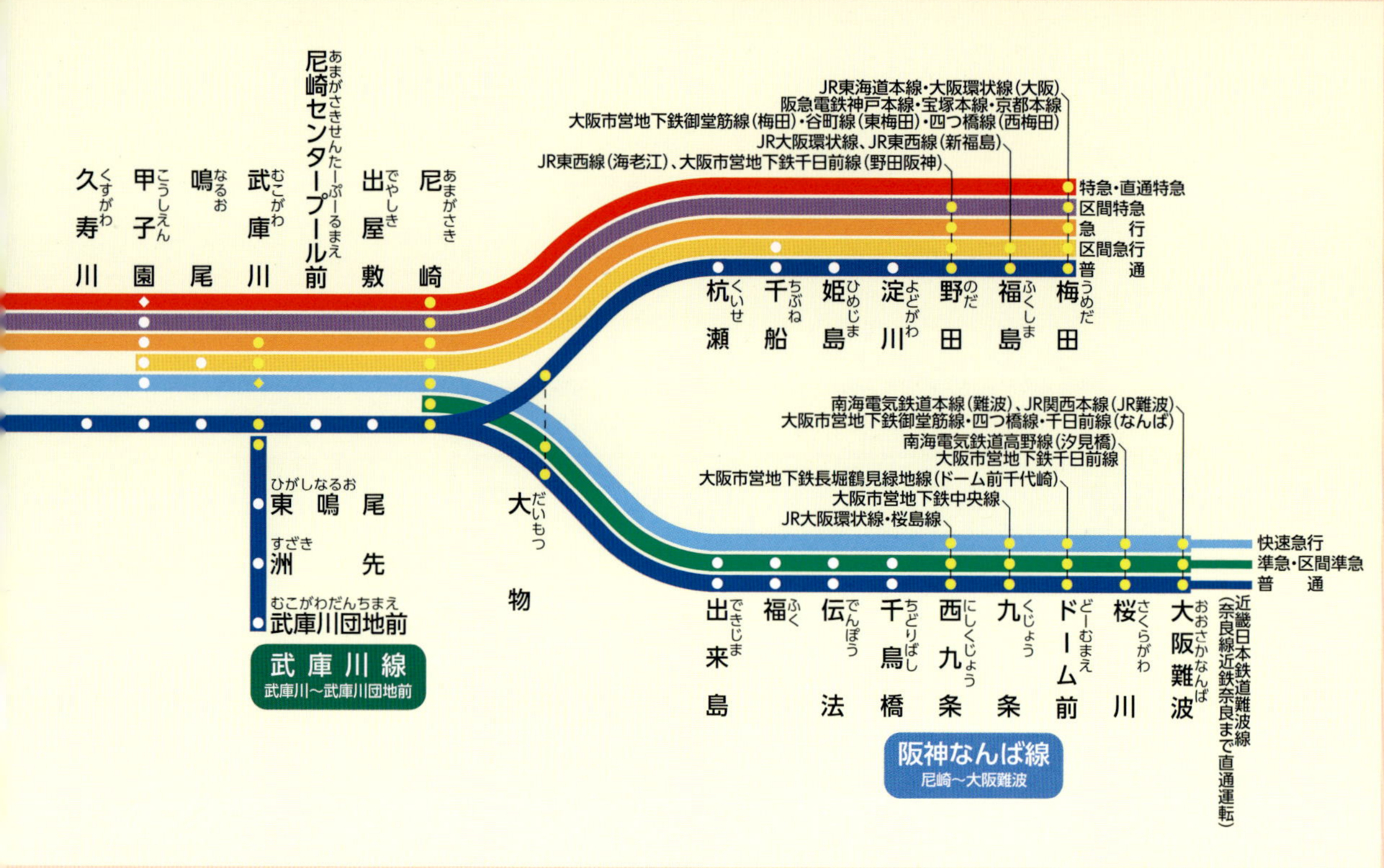

セミシェルター型防音壁

▲住宅地が接近している阪神なんば線の防音壁。

淀川駅付近

▲淀川駅手前で大きくカーブし、車体を傾かせながら通過していく8000系。

## 阪神工業地帯を走る沿岸部の重要な足

商都大阪と国際港湾都市神戸を結ぶ阪神電気鉄道(以下阪神電鉄という)の路線は大手民鉄として相模鉄道に次いで短いが、山陽電気鉄道および近畿日本鉄道との相互乗り入れを実施しているので、自社の路線をはるかに上まわる距離を走行している。

また神戸高速鉄道、西大阪高速鉄道といった第三種鉄道事業者の保有する路線を走行する点もひとつの特徴といえよう。

第三種鉄道事業者というのは路線のみを保有する鉄道事業者のことである。自社の路線施設を第三者である鉄道事業者へ貸与している。これはいわゆる「上下分離方式」にあたるもので神戸高速鉄道がその代表格だといえよう。

同社は神戸市中心部付近にターミナルを置く、阪急電鉄、阪神電鉄、山陽電鉄、神戸電鉄を結ぶ目的で設立された。

当初は神戸市を主要出資者に加えて設立された第3セクターであったが、現在は阪急阪神ホールディングス傘下となっている。

元町～西代間5・0キロが阪神電鉄

# 列車種別と停車駅

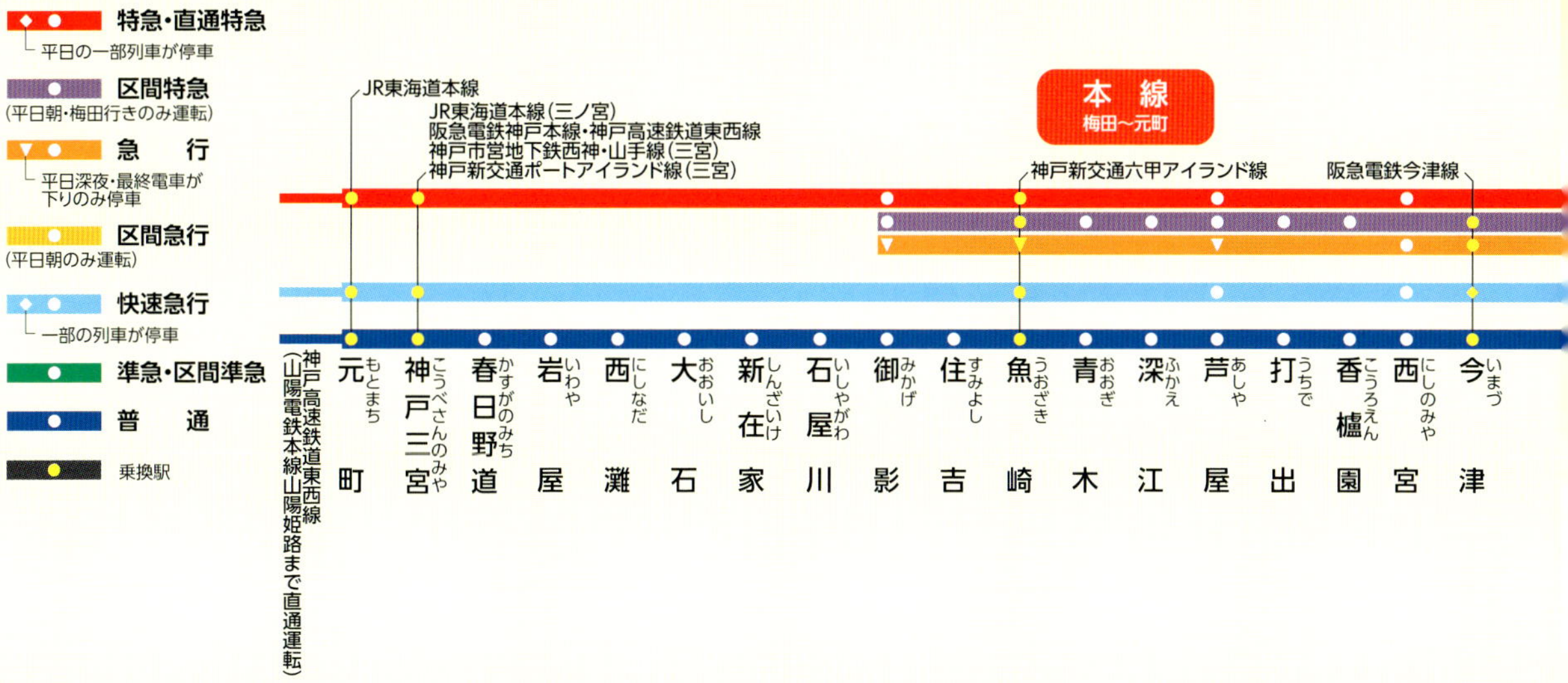

武庫川駅
▲武庫川を跨ぐように設けられた駅。周りの風景も楽しめる開放感がある造りになっている。

高架架け替え工事
▲下り線で高架への切り替えがおこなわれた魚崎駅付近。

の営業路線であり、また西九条～大阪難波間3・8キロは西大阪高速鉄道が保有する路線を阪神電鉄が営業路線として運行している。

つまり阪神電鉄が保有する路線は梅田～元町間32・1キロ、武庫川～武庫川団地前間1・7キロ、尼崎～西九条間6・3キロであり、その合計は40・1キロである。

但し尼崎～大物間0・9キロは阪神本線と阪神なんば線とがダブルカウントされている。これをシングルカウントすると39・2キロとなる。

保有路線長でこれを見ると相模鉄道の38・1キロと大差ない規模であることがわかる(相鉄の旅客営業キロ数は35・9キロ)。

確かに阪神電鉄が保有する路線長は短いが、その立地条件が大阪～神戸間という人口が多いエリアに属しており、さらに沿岸部を走ることから阪神工業地帯の重要な足であり、輸送人員密度が高い路線である。

## 乗車率向上に寄与した阪神なんば線の相直運行

各大手民鉄における輸送人員の増減を見ると、2004年度を100とした場合、阪神電鉄の2013年度にお

ける係数は125であり、この増減率は大手民鉄のトップである。在阪大手民鉄各社で増加したのは阪神電鉄と阪急電鉄の2社のみとなっている。中でもその割込み率(減少率)が大きいのが近鉄の92。明暗を分けた。

阪神電鉄における輸送人キロの伸び率は際立っており、その数値は東京メトロ、東急を上まわる。

ひとつの要因として考えられる好材料は、やはり阪神なんば線であろう。同線の開業により大阪ミナミの中心である難波が阪神沿線に直結した。

大阪キタの中心である梅田と、ミナミの中心である難波の2箇所をターミナルに持つ民鉄は阪神電鉄のみである。

さらに近鉄奈良線との相互直通(相直)運行が寄与しており、阪神なんば線は相直路線効果が顕著にみられる。

従来は阪神(梅田)、近鉄(難波)間の移動は地下鉄御堂筋線を経由しなければならず、同線が混雑することもあって、大変だったが、そこに登場(開通)したのが阪神なんば線であり、阪神⇔近鉄間のシームレス輸送が実現した。

こうした阪神電鉄を取り巻く経営環境の変化は大きい。

大阪圏は東京圏にくらべて相直運行が少なかったが、近年めざましく進化

尼崎駅

▲阪神本線と阪神なんば線の乗りかえ駅として賑わう。

西宮駅付近

▲高架路線を走行する8000系。高架の歴史は昭和初期の石屋川〜住吉間にはじまる。

阪神本線

▶武庫川付近を走行する姫路行き直通特急1000系。

を遂げており、その代表格が阪神なんば線である。

阪神なんば線成功の鍵は大阪難波で近鉄と、尼崎で阪神とシームレスに結ばれた点がひとつと、さらに両線の奥が深く実質的には姫路と奈良が直結した点にあると考えられる。

単に路線が結ばれた相直ではない。やはり相直の果実は直通することで得られ、相直先が袋小路路線では、その効果も半減してしまう。

阪急千里線（京都線方面をふくむ）と地下鉄堺筋線との相直運行は歴史があり、それなりの効果は認められるが、天下茶屋で南海との相直運行が軌間の違いでできない。

南海の軌間が在阪大手民鉄では異例の狭軌であるためだが、もし南海との相直運行ができていたなら京都⇔関西国際空港間をシームレスに結ぶことができた。

このことは阪急、南海にとって大きなビジネスチャンスを逃したことになる。

相直運行は貫通型路線で少なくとも3直でないと本来の効果を発揮することができないのである。

阪神なんば線と京阪中之島線との利用率の相違も前記した要因から推測可

▲西大阪線の難波延伸に伴い改称。難波から近鉄に乗り入れることで神戸から奈良までつながった。騒音問題を解決するためセミシェルター型遮音壁が設けられた。

◀街中に近未来的なフォルムのセミシェルター型遮音壁が目立ち、この中を阪神なんば線が走る。

能だ。

阪神なんば線と比較すると京阪中之島の利用客は少ない。

現状では京阪中之島線が袋小路である点から両者の差が生じている。

同線には中之島以遠への延伸計画が予定されているので、今後の変化に期待したい。

## 車両性能の特性を生かした緩急分離運行

阪神電鉄の路線は、その性格が関東の京浜急行電鉄と近似しており、ともに他社との相直運行をダイヤの基本に据えている。

また沿線の性格も相似しており、それはともに重工業地帯を走り抜け、沿岸地帯を走る点でも共通している。

さらに軌道線から高速鉄道へ成長し、官設鉄道であった東海道線と並行した路線である。こうした周辺要素に起因した運行形態にも両社の類似性を確認できる。

それは駅数を多くして小まめに集客し、さらにフリークエント運行（頻発運行）を基本にしつつ、都市間高速輸送を両立させるという、難易度の高い運行をおこなっていることからもわかる。

◀武庫川駅～武庫川団地前駅のわずか1.7キロを単線で結ぶ。かつて軍需工場があり、従業員や資材搬入のために建設された。

▶阪神本線との乗換駅。駅舎は1984年に建てられた比較的新しいもの。

こうした本格的な緩急分離運行を実施する点に阪神電鉄の伝統が息づく。

複々線化による緩急分離運行ではなく、車両性能特性を急行系と緩行系とに用途別に画然とわける民鉄は少なく、京急にも見られるが本格的なものは阪神電鉄のみと言えよう。

かつては近鉄にもラビットカーが存在して高加減速を誇っていたが、続かなかった。

また関東大手民鉄各社には過去も現在も本格的な高加減速性能を有する車両は存在しない。最大でも4km／h／sec.のレベルの車両が以前に存在した程度である。

阪神青胴車に匹敵する車両はない。

ある意味、阪神電鉄の路線は動力分散による高加減速性能を本来の特性とする電車にとって、最もその性能を発揮することができる路線だと思う。

## 自然災害から守るための未然の対処法

現在の阪神電鉄の路線は高架化が際立つ路線となり、高架立体交差率は約90パーセントに達しており、民鉄トップクラスにある。

かつてはカーブの多い路線であったが解消へ向けて努力を続けた。

▲JR各線や阪急、大阪市営地下鉄の乗換駅として、人の流れが途絶えることがない。現在は再開発計画が進行中。

◀5面4線で建設当時の基本構造は変わらない。当時の設計者や技術者の先見の明に驚かされる。

以前の阪神名物「七曲り」を知る人も少なくなったのではないだろうか。

これは阪神本線福島駅付近にあったカーブのことで、福島西通り踏切から出入橋東踏切にかけて存在していたカーブである。

このほか多くのカーブが点在していたのが往年の阪神電鉄であり、その線形の悪さからスピードアップに苦労がみられた。

対阪急とのスピード競争で不利なため阪神電鉄では頻発運行で対抗し「待たずに乗れる阪神電車」をキャッチコピーにしていた。

カーブが多かった理由は開業時に既存の集落を結んで線路を敷設したためと言われており、これは京阪と同様の理由だが、あとひとつ阪神固有の理由があり、それが工場用地の買収に手こずったからである。

既成市街地に鉄道を敷設するための苦労が垣間見える。

とくに阪神本線沿線には工場等の進出が早くから見られたから尚さらである。

阪神本線の沿線は阪神間で最も古くから集落が形成されていた場所であり、これは関東の京浜間に相当する。

前記したとおり阪神と京急の類似性

**大阪難波駅**

◀近鉄と共有使用する、梅田とならぶ大阪のターミナル。JR、阪急、南海、大阪市営地下鉄に接続する。

**隣接するきっぷうりば**

▶阪神と近鉄のきっぷ売り場は、わかりやすいよう色分けされている。駅の管轄は近鉄。

は、こうした土地の性格を反映したものであり、偶然の所産ではないことが読み取れる。

先に阪神電鉄における高架化が顕著だと記したが、これは踏切道の除却による道路交通渋滞の解消を第一義的な目的としたことはもちろんであるが、前記したとおりカーブの解消もその目的であり、さらに自然災害から路線を護ることもふくまれていると思える。

阪神電鉄は過去に幾度もの水害に悩まされたからだ。

阪神電鉄の路線は大阪～神戸間において、もっとも海側を通るために、水害の影響を受けやすい。阪神間の地形は特に西宮以西において六甲山系が海に迫り平地が少ないが、そこを山側から阪急神戸線、JR西日本東海道線、阪神本線が走っている。

これら各線間に存在する土地の傾斜は見た目以上に大きい。

阪急神戸線六甲駅を下車して、六甲八幡神社脇の踏切から海側を眺めると右記したことがよくわかる。この道路を南下するとJRの六甲道駅まで約600メートル、さらに南下すると阪神本線新在家駅まで約500メートルであり、阪急六甲駅と阪神新在家駅間の直線距離は約1100メートルにすぎ

ない。

特に阪急、JR、阪神の各線は神戸～西宮間で近接している。

六甲山系から流れ出る河川は普段の水量は多くないが、台風などの大雨が降ると鉄砲水が流れることが多く、その原因のひとつとして土地の急傾斜がある。

私は阪急神戸線岡本駅に近い高台で暮らした経験があるが、そうした河川の急激な増水を何度も目にしている。一気に海へ向って滝のように流れ落ちる。

岡本付近を例に採ると、八幡谷上流付近をはじめとして遊水池のような場所があるのだが、大雨が降ると対応が難しい。

上流部からの雨水が阪神沿線めがけて流れ出る。

昭和に入ってからの記録でも昭和9年9月の室戸台風をはじめとして、同25年9月のジェーン台風などで阪神電鉄は多大な被害を受けた。

その原因が表六甲山麓の山津波と河川の氾濫にあるが、阪神の路線はいたるところで浸水し、神戸の地下区間は土砂と濁水で埋没したという。

また高潮による被害も大きく、全線の約35パーセントが浸水し道床の流失

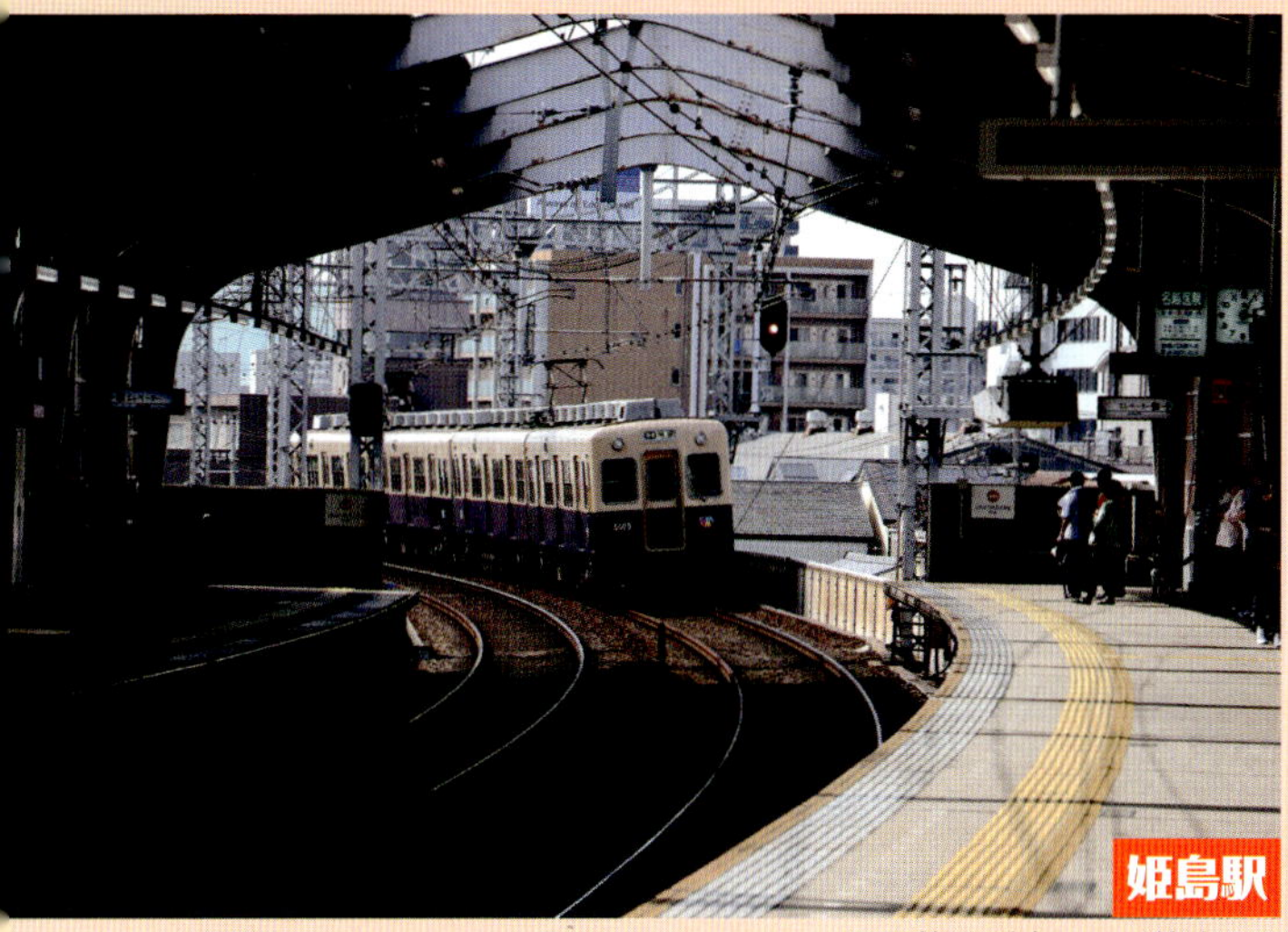


▲普通列車のみが停車する阪神本線姫島駅は駅ホームも大きくカーブする。

▶阪神本線武庫川駅から尼崎センタープール前駅へ向かう途中、大きくカーブする。

や築堤の崩壊などが発生している。

おもに水害によるものだが、こうしたことを未然に避けるためにも高架化は有効な対処法といえよう。

阪神電鉄における高架化には右記したような多くの理由があってのことではないだろうか。

踏切での交通渋滞解消という、シングルイッシューだとは思えない。

高架化によるメリットは阪神電鉄にとっても大きいのである。

本来、鉄道の高架化、地下化、複々線化は鉄道事業者の増収増益に結び付くものではないが、阪神電鉄は防災上のメリットについても着目して実施したと思える。

## キーワードは住んでみたい沿線 選んでもらえる沿線

鉄道の高架化は資金面とは別に難題があり、それが沿線住民による高架化反対運動である。市街地における高架化は都市計画整備事業の一環として実施されるケースが大半であり地元自治体との共同事業だが、これに対する反対運動が必ずといってよいほど発生し、その説得に多くの時間と労力が費やされる。

地下化に対する反対運動はそう多く

▶護岸工事が行われた芦屋川にまたがるように芦屋駅がある。流れは緩やかだ。

◀阪神本線芦屋駅から2キロも離れていないが川の流れは一変する。

▲1938年に発生した阪神大水害を後世に伝えるために建てられた。当時流出した重さ30トンの石を使用し、水害時の水位と同じ高さで造られた。神戸市内にはこのような石碑が点在、水害の規模の大きさがわかる。

ないが高架化は騒音や日照権が問題視されるからだ。このため計画決定から着工まで20年以上を要する例も少なくない。

西武鉄道池袋線における高架化など、その一例であった。沿線住民が高架化ではなく地下化を強く求めていた。しかし建設資金に大差があり現実問題として地下化、それも全長10キロを超すような地下化は難しい。

民鉄が長大な地下化路線を建設した例は東京急行電鉄による新玉川線（現在の田園都市線、渋谷〜二子玉川間）のみである。

阪神電鉄のケースでは水害対策もあるので地下化という選択肢は無かったと思うが、ハイペースで高架化を実施できた裏には沿線住民の理解と協力が大きかったのではないだろうか。阪神電鉄が沿線住民に愛されている証拠だと思う。こうしたケースは意外に少ない。

得てして民鉄事業者と沿線住民が何かにつけて対立するケースが多いのである。

逆に沿線住民側が高架化を求めているのに、これに対応したがらないケースもある。

東武鉄道ではようやく重い腰を上げ

伝法駅の築堤

◀駅周辺は海抜0メートル地帯。阪神なんば線は堤防の高さにつくられた築堤の上を走る。

陸閘《りっこう》

▶台風や高潮の名地で新淀川の水位が上昇したときに陸地への水の浸入を防ぐため閉められる。

たが、東武伊勢崎線竹ノ塚駅付近の高架化に着手した。同駅近くの踏切では事故が多発しており、人身死亡事故も発生している。

複々線区間に存在する踏切であり交通量も多い。東武鉄道では竹ノ塚に東京メトロ日比谷線の車庫があり、それの入出庫があることを理由に高架化を見送り、事故を起こしている。入出庫線があることを理由のひとつにしているが、これはおかしい。

ほぼ同条件にある東京急行電鉄東横線、目黒線元住吉駅周辺は高架化している。

要は事業者サイドの安全輸送へ対する温度差に起因する問題である。

阪神電鉄が当初敷設した地上線はカーブや踏切が多く、安全対策上からも高架化による線形改良が急がれていた。

概して在阪大手民鉄は先行投資や改良投資に積極的である。

ライバル並行路線が近接する地勢的理由から乗客獲得に熱が入るからだ。特に京阪神間はそれが顕著にみられる。

鉄道事業者同士が自らの輸送事業を「商売」と認識して発展してきた。

当然、先行投資にも熱心になろう。

対する関東勢の多くは地域独占的営

## 高架化工事

▲◀本線住吉～芦屋と甲子園～武庫川で高架化工事がおこなわれており、工事が終了すると立体化率95パーセントとなる。あわせて周辺の道路なども整備され、防災への寄与も期待されている。

業基盤を有するので鉄道事業を「公共事業」とみなしてきた。こうした体質的相違がごく近年までみられたが、人口減少による輸送人員の落ち込みに直面して、各社ともあわてて「商売意識」にめざめだした。その典型が国鉄時代の長い眠りから脱したJR各社だが民鉄もJRと大同小異である。

在阪各社は関東勢ほど従来から乗客に対して高圧的な接客態度ではなかった。

「乗っていただく」という意識があるからだろう。これに対して国鉄や関東民鉄の多くは「運んでやっている」という意識が強かったのである。

民鉄、JRともに急速に意識改革が進んでいる。でないと生き残れないからだ。

このことは接客態度のみならず、沿線地域との接し方にも表れている。

従来、鉄道事業者の本音は踏切遮断による交通渋滞を必然と受け止めてきた。

大量の人員輸送をする公共性に、あぐらをかいてきたといわれても仕方があるまい。

本来、踏切道における通行優先権は道路側にあるというのが法的建前なのだが、通行の安全上列車通過時は道路

▶ここは西灘駅で、かつてこの道路上を路面電車の阪神国道線が走り、接続駅として機能していた

◀高架化により、踏切がある風景がめずらしくなっていく。

▲野菜栽培やキノコ栽培をはじめ、店舗や駐輪場など高架下の有効利用をしている。

側を遮断しているにすぎないのである。

よって開かずの踏切など撲滅すべきなのだが現実的には困難な問題が多い。その「困難」を正当化し甘えてきた事実は否定できないだろう。ゆえに放置されてきた。近年になり鉄道事業者も、これではいけないと地元自治体と共に都市計画として立体交差化を推進している。

鉄道事業者にも言い分はある。

政策的に運賃を抑制された中で通勤通学輸送を実施し、資金的に余裕がないからだ。

鉄道事業の赤字を関連事業の黒字で埋めるという経営手法を続けてきたが、この構造も以前ほど強固ではなく、各社の連結売上高と営業利益率をみると非鉄道事業の利益率が低下している。

但し、これは営業利益ベースでみた場合の話で、連結売上高ベースでは非鉄道事業の占める割合は依然として大きく、2013年度～2014年度における阪急阪神ホールディングスでは、非鉄道事業収入が約8割を占めている。

このことから読み解けるのは、近年における鉄道事業の収益が連結売上高に比較して大きいということである。鉄道事業における収益が増加傾向を示すようになった。

## 山陽電鉄

▲▶山陽電鉄を走る8000系（上）と、ホームに停車する1000系（右）。梅田から姫路まで乗り入れをする。

今後、企業としての発展は沿線人口の囲い込みであり、顧客化にかかっている。

幸いにして阪神電鉄沿線における人口増は好調に推移しているので、いかにしてファンを増やすことができるのかである。

選らんでもらえる沿線、住んでみたい沿線がキーワードとなる。

### ネットワークの良さをどう生かすかが課題

阪神電鉄の強味は、なんといっても鉄道ネットワークの便利さにあり、さらに沿線セクターごとに見られる街の多彩さにある。

路線は短いが相直先をふくめると長い。

梅田～山陽姫路間の直通運行は約90キロにおよぶ。

山陽～阪神～近鉄のネットワークを使うと西は姫路から東は名古屋まで行くことができる。まさに関西から東海へかけての中央回廊とよぶにふさわしい路線である。

近鉄特急の乗り入れがあると阪神沿線から近鉄名古屋、伊勢志摩、奈良大和路へ直行も可能であり、それを期待する人も少なくないのだが阪神電鉄と

▶直通列車の車両の使用頻度は山陽2:阪神1。これは総距離を同じにするためで、山陽鉄道の西代～山陽姫路間が54.7キロに対して阪神は約半分だ。

## 阪神本線を走る山陽電鉄

## 行先表示板

◀1時間に4本の頻度で山陽電鉄へ乗り入れる。

しては慎重な姿勢を崩さない。特急料金を要する列車の設定に疑問だそうだ。日常の足に特化した思考だが確かに阪神電鉄の考え方にも一理ある。阪神なんば線をあくまでも通勤通学路線として捉えているようだ。

このあたりにも関西と関東の相違がみられ、関東大手民鉄の多くが特別料金を徴収したがることに対して関西大手民鉄は異なる。

近鉄のLCカーはクロスシート設定時も運賃のみで利用することができるが、東武鉄道のLCカー（TJライナー）では特別料金が必要だ。関東では何かにつけてサーチャージ（追加料金）を設定したがる。

その典型がJR東日本の「〇〇ライナー」という座席指定の通勤列車である。

関東で特別料金の設定がない大手民鉄は、東急、相鉄、京王の3社だが京王はLCカー導入を予定しており特別料金が設定される。

近鉄特急の阪神乗り入れは、あってもよさそうに思うがどうだろうか？

これには地域ごとの考え方、価値観、さらに伝統が絡むので圏外在住者には何とも言えないところがある。

乗客にとって運賃以外に特別料金を必要とする列車を受け入れやすいのか否かは多分にその路線の生い立ちによって左右されそうに思える。近鉄や南海など古くから有料特急が走る長距離路線と異なる阪神沿線で、そうしたプラスアルファーの有料サービスは確かになじみにくいのであろう。

また事業者サイドの事情として、阪神に有料特急（近鉄直通）を設定しても、阪神として特急料金を徴収できる区間は神戸三宮～大阪難波間にすぎず、その距離から考えて設定可能な料金額は数百円以下となろう。

設備投資として例えば特急券発券システムの構築費、維持費など、さらにダイヤ設定にともなう運行体系の変更などを考えるとペイしづらいと思える。一日に何十本もの有料特急が近鉄から乗り入れてくれれば話は変わるが、1日に2～3本とか土日のみとかといった本数では割が合わないはずだ。

こうした経営判断は当然しているに相違ない。

さらに加えて特別な列車（有料特急）を走らせることに対する利用者（乗客・沿線住民）のコンセンサスを得られるのか、という不安もある。

鉄道ファンにありがちな発想として、線路が繋がっているのだから例えば山

相互乗り入れする近鉄車両

▲阪神なんば線で近鉄5820系と5800系車両が並んで停車する。

神戸三宮駅

▶神戸三宮駅から近鉄奈良駅へ乗り換えなしで行くことができる。

陽姫路~近鉄名古屋間をスルーで走破する特急列車を夢見るが、問題となるのはその需要があるのかという点だ。同区間は新幹線が並行するので所要時間では勝目がない。

　ただ大阪~名古屋間では近鉄特急が健闘しているので、可能性はありそうだ。

　要は運賃・料金が新幹線にくらべて安いというメリットがあるからだろう。乗客全員が必ずしも寸秒を惜しんで移動するわけではない。

　国鉄→JRの営業政策は利用者に有無を言わせず長距離(場合によっては中・短距離でも)では新幹線に乗せてしまうが、全国各地で高速路線バスが盛況であり、これは右記した矛盾の受け皿になっている証拠である。こうしたマーケットをうまく拾っているのが近鉄の名阪特急であるが、その発展型として山陽姫路への延伸があってもよいのではないだろうか。そのルート上に阪神なんば線、阪神本線がある。

　伊勢・志摩への観光特急とは別に近鉄名古屋への都市間特急の可能性を考えたい。

　長距離輸送をJRに独占させておく手はないはずだ。

　阪神電鉄の路線は近鉄と直結したこ

近鉄奈良線を走る阪神車両

▲平城京を横断する近鉄奈良線を走行し、近鉄奈良駅へ向かう。

とで、大きな可能性を秘めている。

実は阪神なんば線が開業する前の2007年9月頃から近鉄特急の阪神乗り入れは話としてあったが、それが近鉄社長(当時)小林哲也が言った「将来的には伊勢と姫路を特急で結ぶのが当社の夢です」である。

私はしごく当然の発想だと思った。

話は脇道に入るが、阪神電鉄が例の村上ファンドの標的にされた時、ホワイトナイトとして阪急電鉄が登場した。村上のバックにはオリックスの宮内義彦が居たことを思えば自然な流れである。

当時、阪神電鉄では京阪電鉄との統合合併を模索していたが、これは不調に終わっている。さて、ここで不思議に思ったのは近鉄がなぜ阪神に食指を動かさなかったかだ。

近鉄・阪神の相直も控えていた当時のことだから尚さらでだった。

近鉄阪神ホールディングスがなぜ実現しなかったのか?

阪神電鉄株のTOBに必要な資金にあると思うが、やはり村上、宮内ラインで考えると阪急の登場は自然に思えた。

## 地域の名脇役を目指して

阪神電鉄の路線に話をもどそう。

現在の阪神電鉄は阪急電鉄との経営統合により阪急阪神ホールディングス傘下の一事業会社と位置付けされている。

つまり阪急とは同一資本となったことで、従来のような競争の時代ではなくなった。

阪急電鉄との棲み分けが明白となり、その表れのひとつとして山陽電鉄との相直に変化がみられる。もともと阪神電鉄は山陽電鉄の筆頭株主でもあることから、その関係は深い。阪急電鉄による山陽電鉄への乗り入れ中止は阪急の8両編成化で、6両編成を最長編成とした山陽電鉄への乗り入れができなくなったからだとされているが、要はこれも阪神電鉄との事業分担というのが、その真意であろう。同一資本化されたための合理化である。

でなければ阪急電鉄ではあえて6両編成車で山陽電鉄へ乗り入れを続けたに違いない。

統合のメリットは大きい。

やはり鉄道事業は無益な競争をするべきではないからだ。

伝法駅前

▲戦時中の空襲から逃れた地ということもあって、古い民家や工場、マンションが混在する。

御影駅前

▶1キロ以上離れたところに阪急の同名の駅があるが、街の雰囲気が異なる。

阪急も阪神もかつてのようなスピード競争から脱して沿線間諸都市における輸送需要を小まめに拾い上げる運行形態に変更している。阪神間25分などといったレースは過去のものである。

民鉄の路線（電車）は、あくまでも沿線諸都市の「地域装置」として付帯すべき存在であり名脇役でなくてはならない。

阪神電鉄もまた大阪～神戸間をはじめとして、地域住民のサポート役として活躍を続けるであろう。

そうした点における阪神電鉄のカラーは昔から沿線住民と密な関係にあったといえよう。

少し昔の話になるが、まだ1970年代半ばである。タイガースが勝った日の夜、古新聞でつくった小さな袋に焼き栗を入れて「うれしいで～」といって酒くさい息を吐きながら届けてくれる労務者の話を、阪神は乗客とともにあるんだとばかりに、誇らしげに語った千船駅の駅員がいたそうだ。

このエピソードは早稲田大学講師（当時）の浅香勝輔先生から教えていただいたものである。

前記したとおり私は阪急線沿線に暮らしたことがあるが、ブレーブス（当時）が勝ったとしても多くの沿線住民

阪神沿線の工場

▲阪神なんば線大物～出来島駅間の左門殿川付近の車窓。

春日野道

▲阪急春日野道に向かって、アーケードのある春日野道商店街が延びる。

は半ば他人事としか思わなかったようだ。阪急には親しみもあり阪急百貨店の外商さんもよく家に来る関係だが、だからといってホットな関係ではない。

そこに阪神沿線固有の表情を改めて感じた記憶がある。

正直言って阪神電車は近くて遠い存在であった。

自宅の最寄り駅である阪急神戸線岡本駅と阪神本線青木《おおぎ》駅は約1・5キロの距離にあるが、身近な電車ではなかった。

これは同地域に住んだことがある人なら、わかると思うが、南北間の文化交流は希薄な土地柄である。それゆえに「阪急文化圏」「阪神文化圏」が狭い土地に共存している。

関西は関東のような広大な平野がなく、中でも阪神間は六甲山地と海岸線に挟まれている。その狭いエリアに多様な沿線カラーが凝縮されている点におもしろさがある。

通り一本の違いで街の表情が変化する場所も少なくない。

阪神沿線は特に大阪市内において公害に悩まされた歴史があり、福駅では近くにあった化学肥料工場の排煙で大変だったそうである。駅員が避難することもあったらしい。

かつて大阪は日本のマンチェスターといわれた工業都市だった。そうした時代の話だろう。このような工場地帯や商業密集地を走り抜けるのが阪神電鉄のイメージとして定着してきたことは確かだが、西宮以西における沿線イメージはこれらと異なりいわゆる住宅地としての色彩が濃くなる。

短い沿線ながら多様な顔を持つ路線といえよう。

## 阪神の走る風景 ②

六甲山をバックに住吉付近を走る。

# 阪神電鉄の沿線風景

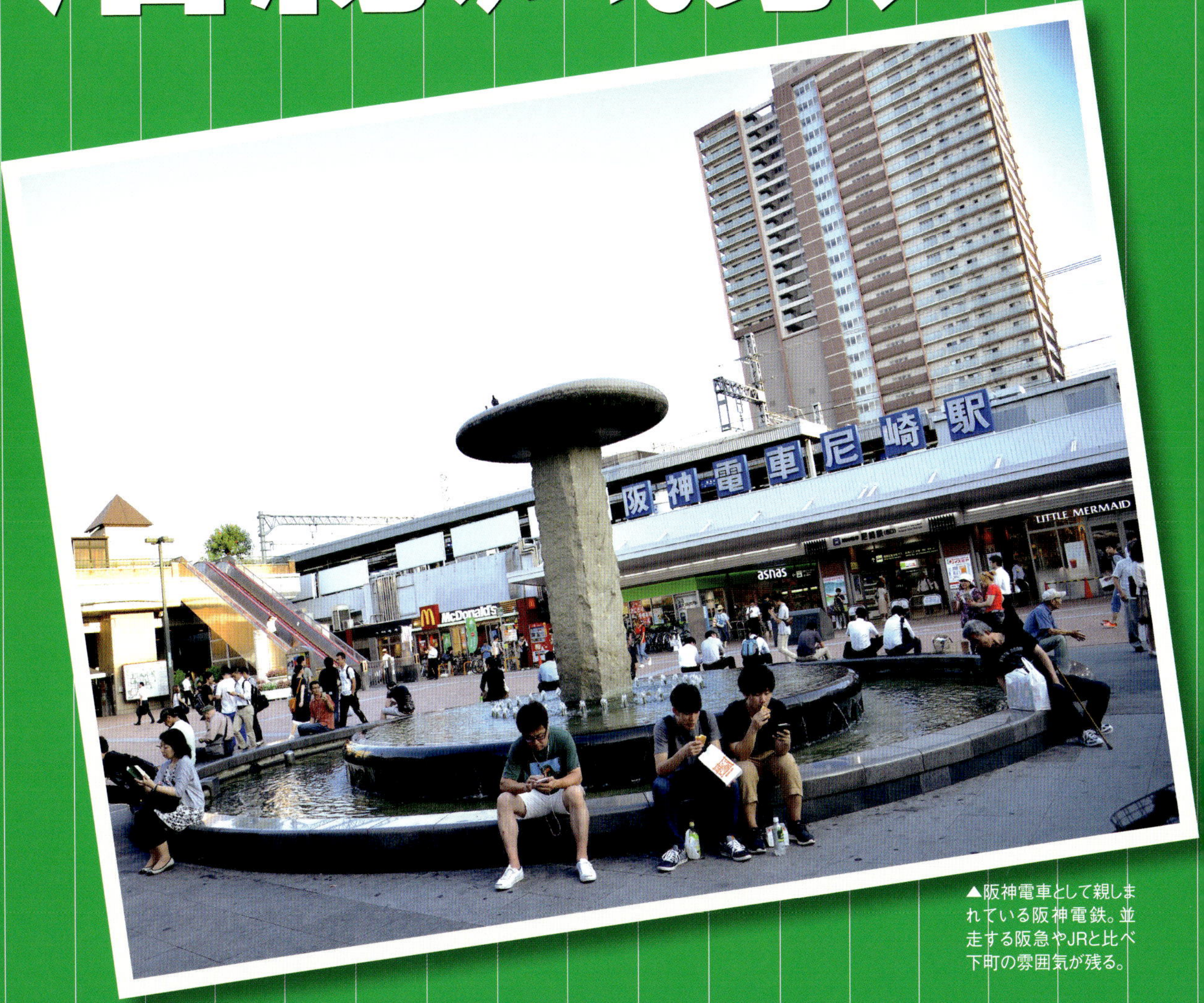


▲阪神電車として親しまれている阪神電鉄。並走する阪急やJRと比べ下町の雰囲気が残る。

出発進行

## 「萬方慶」の思いを乗せて

阪神電鉄の梅田駅は4面5線の頭端式(行き止まり式)地下ターミナル駅ながら、同じ地下型ターミナル駅である近鉄の大阪難波、京阪の淀屋橋にくらべると広々とした地下型ターミナル駅となっている。

花かごをかざしたキューピッドたちのオブジェが並ぶなど、とかく殺風景になりがちな駅の空間に花を添えており、遊び心が感じられ好印象を乗客たちに与えているに相違ない。東京にはない大阪のエスプリを感じる。

赤胴車(急行系車両)、青胴車(各駅停車車両)が顔を揃える中に山陽電鉄のアルミカーがひときわ目立つ。

ターミナルがあるのは地下2階であり、その1階上の地下1階にある阪神百貨店のフードマート、そして地下2階のフードテリアは多くの乗客に親しまれてきた大阪を代表する光景のひとつといえよう。

中でも数々のジャンクフードがならぶフードテリアの熱気に大阪のバイタリティーを感じる。同じ梅田にありながら機能的に洗練された阪急梅田ターミナルとは異なる空気に満たされた一

**萬方慶**

▲梅田延伸によるトンネル建設当時の社長である今西與三郎による揮毫。この延伸で利用者の利便性が向上し、喜ばしい出来事であったことが表現されている。

**梅田駅**

▶1939年に建設された頭端式ホーム5面4線の駅。当時としては珍しい7～8両編成車が発着可能な大規模な地下駅で、「地底の宮殿」と称された。

角だ。

活気にあふれる梅田を発車すると地下区間を進むが、このトンネルを「萬方慶」と命名したのが阪神電鉄社長（当時）の今西與三郎《よさぶろう》であり、彼が揮毫した篇額がトンネル入口に今も健在である。

なお「萬方慶」とは、〝すべての人が慶ぶ〟という意味だそうだ。

昔のトンネルには、こうした難しい篇額を飾るものが多く、古くは中央線（現・JR東日本）にある笹子トンネルにも伊藤博文の揮毫による「因地利」という篇額がパラペット（胸壁）に取付けられている。

漢字に弱い私には、その意味が読み取れないが、一時期の流行だったのかもしれない。

「萬万慶」という文字を、はじめて見た時まったくその意味が分からなかった。

こうした形での命名は今はあまり見かけず青函トンネルの篇額には「青函隧道・中曽根康弘」とある。

この「萬万慶」の全長は1634メートル。福島駅西方で地上へ出る。

阪神には長大橋梁が多く本線の淀川橋梁は全長778メートルの平行弦ワーレントラス橋で淀川～姫島間にあり

▲淀川を渡る8000系。

▲大物駅は本線と阪神なんば線の事実上の分岐駅だが、普通列車のみの停車で、尼崎駅が起点のため乗りかえ客は少ない。

▲夙川の上に建つ駅は、かつてあった遊園地・香櫨園の最寄駅として建設。1913年に遊園地の廃園後は高級住宅街として開発された。

阪神最長である。

　これに次ぐのが阪神なんば線の新淀川橋梁で、伝法～福間にあり全長758メートル。

　こちらもトラス橋だがプレートガーダーの部分がかなり長いのが見て取れる。

　淀川を越えると神崎川、左門殿川と橋梁が続き兵庫県へ入る。

## 阪急と並走しながら神戸へ

　大物～尼崎間では阪神なんば線と並走。この区間が複々線に見えるが実際は複線並列区間である。阪神本線と、阪神なんば線が併設された区間であり、それぞれ別の路線なので複々線とは一応異なる。

　尼崎は阪神ジャンクションとよぶにふさわしい駅である。実際に阪神本線と、阪神なんば線が岐れるのは大物だが、人の流れで見ると尼崎が分岐点というのが実感であろう。

　神戸方面から来ると尼崎で大阪キタへの流れと、大阪ミナミへの流れが岐れる。

　次駅である出屋敷は、かつて阪神尼崎海岸線がこの駅から東浜まで営業されていた。

旧甲子園ホテル

▲1929年に竣工した旧甲子園ホテル。現在は武庫川女子大学の学舎として当時の華やかな面影を残す。

大運動場の碑

◀甲子年に完成したことから甲子園大運動と名付けられた。建設当時の姿を再現したモニュメントが球場近くにある。

甲子園球場前広場

▶甲子園駅から甲子園球場は徒歩3分。高速道路があり見えないが、野球の聖地の雰囲気を感じる。

廃止されたのは1962年である。

この線の敷設目的は阪急進出による地域防衛色が強く、阪急では1923年5月に今津から南進して海岸に沿って尼崎へ出て、そこから塚口、伊丹を経由して宝塚へ抜ける計画を立てていた。

これを阻止する目的から先手を打ったのだろう。出屋敷〜東浜間を1929年に開業した。

武庫川を越えると甲子園も近い。進行左手に甲子園球場があるが阪神高速3号神戸線が走っているので、よく見えない。

以前は阪神甲子園線と結節していたのが、この甲子園駅で、この線は阪神国道線の上甲子園と中津浜を結んでいた。

今津では阪急今津(南)線と連絡する。神戸高速鉄道開業までは、この今津が阪急と阪神の車両が顔を合わせる唯一の駅であった。

阪急の西宮北口と阪神の今津は距離にして約2キロ離れているが、西宮以西では両線が近接して神戸へ達している。

阪急の夙川《しゅくがわ》と阪神の香櫨園《こうろえん》は1キロ未満の距離だ。

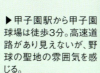

ヨドコウ迎賓館

▲フランク・ロイド・ライト設計の希少な建築物。内部も一般公開されており、建築を学ぶ学生が熱心に見学する姿を見かける。

滴翠美術館

◀閑静な住宅街にたたずむ山口吉郎兵衛氏住宅を利用した美術館。モダニズム建築とともに山口氏が収集した美術品を楽しみたい。

## 美術館めぐりも楽しい 芦屋

西宮を過ぎると右前方に六甲の山並みが見えてくる。

苦楽園、六麓荘町の家並みを遠望して西へ進めば芦屋である。

阪神本線の芦屋駅は芦屋川の上に設けられている。

芦屋市役所へ行くには、この駅がいちばん近い。

芦屋川の流れを遡ると阪急神戸線の芦屋川駅、その上流左岸のライト坂付近には灘の酒造家だった山邑家の旧邸があり、いまはヨドコウ迎賓館になっている。

また滴翠美術館などの美術館も多く、散歩するのによい所だ。

散歩の途中のティーブレイクには、それにふさわしい店も多く事欠かないのがこの芦屋だが、洋菓子の名店として全国的に有名な「アンリ・シャルパンティエ」の本店も芦屋にある。このスイーツは美しく繊細な飾り付けに目を奪われてしまう。

芦屋での見どころのひとつとして芦屋駅から歩いて約15分の芦屋公園がある。

芦屋川の松並木は、六甲山から河口

**虚子記念文学館**

◀俳人・高浜虚子に関する資料を収集、展示する小さな文学館。

**芦屋国際ローンテニスクラブ**

▲1955年設立の名門テニスクラブで、兵庫国体開催のために官民協力して建設された。

**ぬえ塚**

◀鵺が流れてきたとされる芦屋に建つ碑。600年前の伝説だが、後世につくられたものだそうだ。

まで続くが、特に美しいのが第2阪神国道から南で、松林の続く芦屋公園がある。

この公園が松浜町にあるので地元では松浜公園ともよんでいる。近くには虚子記念文学館が芦屋川右岸にある。

芦屋駅から芦屋公園へ行く途中に、ぬえ塚という交差点があり、芦屋川に鵺《ぬえ》塚橋という名の橋が架かっている。

これは平家物語によると、近衛天皇のとき、天皇が毎夜丑の刻になると怪しい声に苦しめられ、その声が鵺という怪鳥のものだとわかり、源頼政がその怪鳥を射って落とした。

その遺骸は、うつぼ舟(あの世への渡し舟)に入れられ川へ流された。

この話に素材をとった能楽「鵺」では、うつぼ舟が漂着したのが芦屋の浜とされている。それに因んだものであろう。

芦屋はその昔一面のアシ原だったそうだ。

私が10代の頃は、この芦屋公園に隣接してローンテニスコートがあり、プレイしたことがあるが今でもあるのだろうか?

六麓荘町に祖母の隠居所があるので子供の頃はよく遊びに行ったが、芦屋というと坂道の印象が強い。どこへ行

**灘の酒蔵**

▲600年の伝統を持つ酒造りを今に伝える酒蔵の街。酒造りの歴史や道具を展示した資料館が点在し、酒蔵巡りが楽しめる。

**香雪美術館**

▲朝日新聞社の創業者・村山龍平が蒐集した日本、東洋の古美術コレクションなどを収蔵する。

**宮水**

◀灘の酒造りに欠かせない水。江戸時代、ここで発見されて以来、評判の酒どころとなった。

くにも坂道であるが阪神が走るあたりまで南下すると平坦な街並が続く。

## 六甲山の恵みを五感で楽しむ

芦屋を発車するとすぐ右手に見える池が宝島池。魚崎では六甲ライナーと連絡。流れる川は住吉川。近くには菊正宗酒造記念館がある。この付近にはこの手の記念館が多い。

六甲山系の水が豊かに湧く地なので酒蔵が集中するエリアだ。

ところで灘と伏見は日本酒で知られるが、灘は男性的、伏見は女性的な口当たりだと聞いたことがある。日本酒を飲まない私にはよく分からないが対照的であるらしい。

御影は香雪美術館の最寄駅だが美術館へ行くには阪急の御影のほうが近い。

このあたりを走る阪神電車の車窓から眺める六甲山系はとくに美しい。

高架線上を走る車窓に六甲の新緑がまぶしい春から初夏がベストだ。

美しい山並みを背景にして走る阪神電車のヴィヴァーチェオレンジそしてアレグロブルーが絵になる。

御影付近を走る阪神電車こそ阪神電車らしさが感じられる。

このあたりは阪神・淡路大震災で被

◀石屋川駅と新在家駅の中間付近にある阪神電鉄の高架式車両基地。阪神大震災の際に大きな被害にあい、多くの車両が廃車になった。

▶阪急にも御影駅があるが、ここから1キロ以上も離れている。

害が大きく高架の石屋川車庫が倒壊した。

1995年におきたあの大地震では私も他人事ではなく岡本の家もそれなりの被害を受けており、火災や家屋の倒壊はなかったが庭の石燈籠が倒れ、玄関ホールのシャンデリアが落下、プールの水が抜けた。

ライフラインは全滅だった。

私は東京に居たので直接体験はしていないが、数日後に行ってみておどろいた。

ある大学教授が以前「地震がこわいなら神戸に住め」と言った当人がテレビで地震の解説をしており、開いた口がふさがらないとは、このことだと思った。

阪神も阪急もよく早期に復旧したと感心したものである。

新在家手前の道路を北へ進めば阪急の六甲が近い。六甲山への入口にあたる駅で六甲道路へ向かう上り坂をしばらく走ると六甲ケーブルの「六甲ケーブル下」という麓の駅がある。このケーブルカーが六甲摩耶鉄道。

ちょうどこの駅の真下を山陽新幹線の六甲トンネルが通っている。

山陽新幹線は阪急今津(北)線を甲東園〜門戸厄神間でオーバークロスすると神呪《かんの》字《あざ》中谷《なかたに》付近で六甲山トンネルに入り、新神戸駅直前でトンネルを出る。

## 思い出が詰まった六甲山

六甲ケーブルで山上へ行くとサンライズドライブウェイが近くを通っており、六甲ゴルフ倶楽部の裏手がサンセットドライブウェイである。

オルゴールミュージアムの「ホール・オブ・ホールズ六甲」も近くにある。

六甲の澄んだ空気の中で聴くオルゴールの調べは心に残る。どこかなつかしい音色が遠い日の思い出と重なるからだろう。

この六甲山には子供の頃の思い出が詰まっている。

阪神間で子供時代を過ごしたことがある多くの人が私と同じように六甲山になつかしさを抱くに違いない。

「ホール・オブ・ホールズ六甲」の先が六甲山人工スキー場。六甲山に積雪することはまずない。六甲山の標高は海抜931・3メートル。

山頂付近へ行くには芦屋から芦屋川沿いに進む国道344号線で芦屋ゲートから芦有《ろゆう》ドライブウェイに入り、宝《ほう》殿《でん》インターからアクセスするほうが近

▲神戸市内から望む六甲山。明治時代に神戸外国人居留地の欧米人によってリゾート地へと開発される。

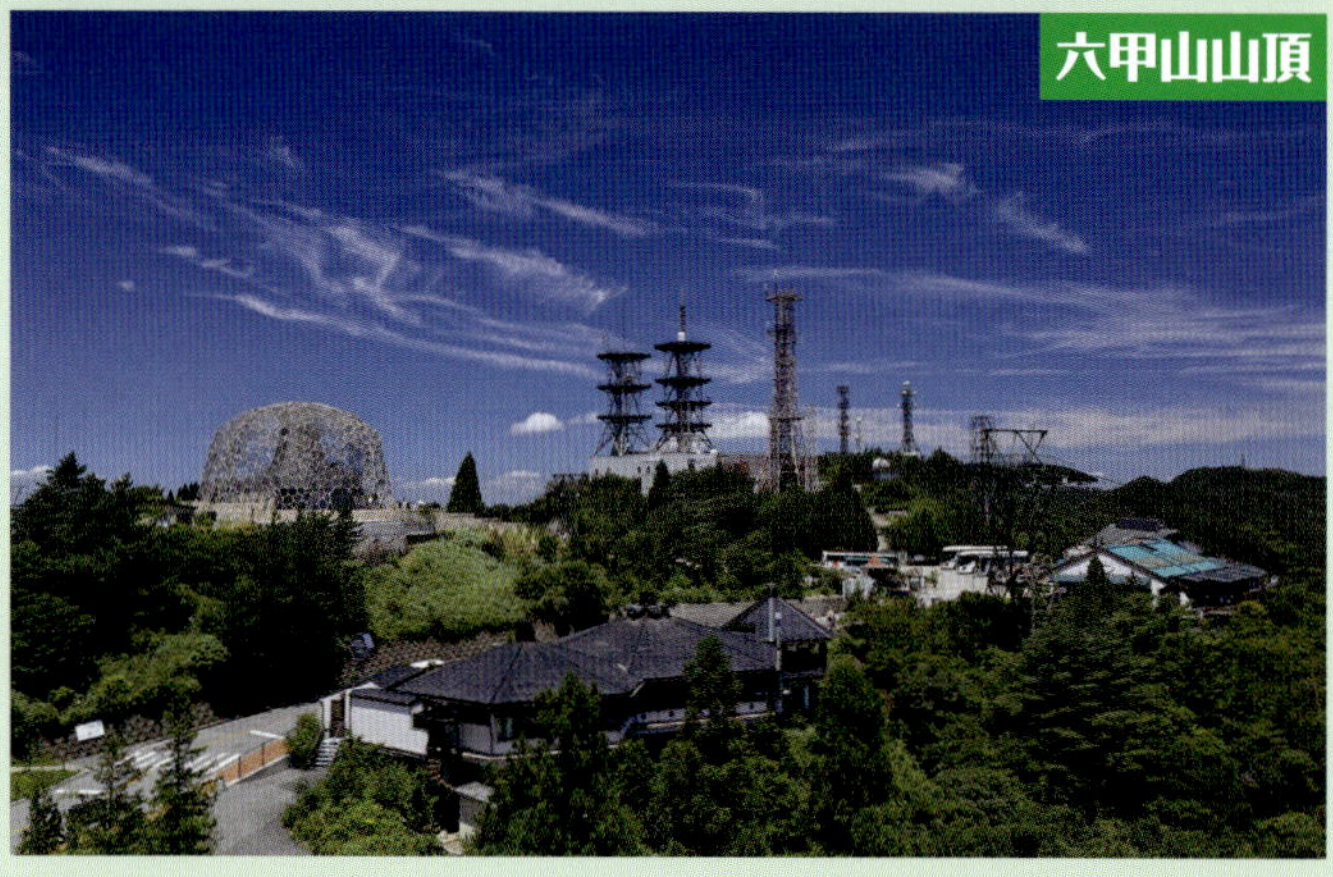


◀神戸のランドマーク・六甲山の山頂には、豊かな自然を体験できるスポットが充実。

い。

このあたりは学生時代に遊び歩いた所なのでよく知っている。

「六甲山ホテル」は阪急系のホテル。このホテルの旧館が私のお気に入りだ。阪神系では「六甲オリエンタルホテル」だが、このホテルはよく知らない。西谷山というところに建っていた。

なぜか地元では昔から「六甲山ホテル」派が多く、「六甲オリエンタルホテル」は東京人にファンが多く居たようだ。

関西人は親の代、そのまた親の代から続く施設を愛用することが多いので、歴史の古いホテルを利用する傾向が強い。

京都に限らず京阪神に共通している。私の周辺でも大阪といえば「リーガロイヤルホテル」しか使わない人が多くいる。同ホテルはかつての新大阪ホテルの流れを汲む老舗だからだ。

摩耶山へ行くにはケーブルカーとロープウェイを乗り継ぐが、摩耶ケーブルへの最寄駅が阪神の岩屋である。

## 海や山、そして奥深い歴史の町へ

岩屋から先は地下に入り春日野道、神戸三宮、元町へ進む。

六甲山上駅駅舎

▲1932年の六甲ケーブルカー創業当時の六甲山上駅駅舎。アールデコ調のモダンな意匠が心惹かれる。

山陽電鉄

◀瀬戸内海ののどかな車窓が広がる。山陽須磨駅は須磨海岸海水浴場への最寄り駅で、夏は大阪方面からの海水浴客で賑わう。

特急は山陽姫路へ。須磨海岸の海風・シーブリーズを感じながら快走する。

阪神電鉄には海と山のふたつの風景があり、オフィスビル、梅田に林立するスカイスクレーパー（超高層ビル）、マンションがひしめく大阪の都心を抜けると六甲の山並みが迫り、港町・神戸の先には青い海が広がっている。

また阪神なんば線は大阪ミナミを通り、歴史の奈良大和路へのゲートウェイとなった。〝海と山と歴史を結ぶ阪神電車〟といえよう。それはまたアーバンリゾートライナーでもある。

梅田周辺のビル群、六甲の緑、須磨の青い海、いずれの風景をバックにしても絵になる電車だ。

その昔、白砂青松といわれた海岸線だったところに今は瀟洒なマンションが建ちならび美しい住宅地へとその姿を変えている。

そうした変化の中で今も芦屋付近から六甲の山なみを望む風景は昔と変わらない。

変化するものと、そうでないものが美しいコラボレーションを織り成す車窓風景をたのしみたい。

そこに阪神電鉄のよさがあると思うからだ。

# 阪神の走る風景 ③

阪神なんば線新淀川橋梁を渡る。

# 阪神電鉄とプロ野球

## もしかしたら伝統の阪神巨人戦はおこなわれていなかった!?

現在、民鉄傘下のプロ野球チームは、阪神タイガースと、埼玉西武ライオンズの２球団だが、かつては在京大手民鉄でも東急電鉄が球団経営していた。

1910年、来日中のアメリカの大学野球チームを関西に招き国際試合をする計画を立てたが球場がなく、この時に阪神電鉄が香櫨園にグラウンドを急ごしらえして試合を可能にした。その後、阪神電鉄では鳴尾浜にあった競馬場を借りて球場とし、1917年から７年間にわたり全国中等学校優勝野球大会に提供。

野球が全国的に広がると実業団野球大会が開催されるようになり、阪神電鉄でも自社のチームをつくり参加するようになる。

1935年、大阪タイガースが創立、翌1936年に日本職業野球連盟が７球団で結成された。タイガースは1940年に球団名を「阪神」へ改称。

戦後の1946年に「阪神タイガース」として復活する。1949年になるとプロ野球人気に着目した企業が球団設立に動きだすが、既存の球団側は新規参入に対して意見が２分した。阪神、阪急、南海などは新規参入に賛成したが、新規参入予定のトップが毎日新聞社だったため、読売新聞社、中日新聞社が反対に回った。

対立は賛否両論でエスカレートする一方となり、11月には日本職業野球連盟が解散となった。

毎日新聞社を中心にして阪急、南海、そして新設された近鉄が参加してパシフィックリーグが結成され、読売新聞社、中日新聞社などのグループがセントラルリーグを結成した。２リーグ制の誕生である。

この時、阪神電鉄はセントラルリーグへ入るが、これには裏ばなしがある。

当初、阪神電鉄では同じ民鉄系球団ということもあり、パシフィックリーグ入りするつもりでいたのだが、調印のため上京した阪神電鉄（タイガース）の人物を東京駅で待ち構えていたセントラルリーグの人物が、半ば無理矢理に目黒の雅叙園に連れ込み、必死に説得してパシフィックリーグ入りを断念させて、セントラルリーグへ入れたという話を聞いている。詳細は忘れてしまったが、それでタイガースがセントラルリーグ入りしたらしい。読売、中日側の必死の巻きかえしであろう。筆者の私は野球の「や」の字も知らず、まったく門外漢なので確信を持って言えた話ではないのだが、叔父が某球団のオーナーをしていたので球団の裏事情は耳にしている。

セントラルリーグ入りは阪神タイガースがパシフィックリーグをソデにしたわけではなく、半ば強引にセントラルリーグへ入れられたということらしい。

それ以上のことは分からないが、東京駅ホームでの拉致？や目黒雅叙園の件は鮮明に記憶に残っている。

なぜ民鉄系球団の阪神タイガースが、セントラルリーグなのか私は不思議に思っていた。仮に阪神という伝統ある強豪チームが、パシフィックリーグ入りすると、読売や中日としても対戦することができなくなり、不都合だと考えたのだろう。

起死回生策として阪神がほしかったのではないだろうか。

▲阪神電鉄は阪神タイガースの試合が行われる日には阪神ファンで混雑する。

# 阪神グループ

▲大阪神ビルディングに入る阪神百貨店（一部工事中）で、地下が梅田駅となっている。

阪神電鉄

◀阪神グループの核となる阪神電鉄は、梅田と神戸の主要都市を結ぶ。

阪神バス

▲尼崎、西宮を中心に神戸、大阪にかけてのエリアをカバーする。高速バスや関西国際空港や大阪国際空港への連絡バスも運行。

阪神タクシー

▲尼崎から御影にかけての阪神主要駅およびJR神戸線の甲子園口駅が配車エリア。

## 鉄道専業色が濃い阪神グループ

大手民鉄は、すべてグループ経営をおこなうことで社業を発展させてきた歴史を共有しており、こうした経営形態を創出し、定着発展させた人物が阪急の小林一三、東急の五島慶太であることは広く知られている。

同じ民鉄業界内において各民鉄グループの特色を見ると、鉄道事業への依存度に違いがあることがわかる。

現在の阪神グループは阪急との経営統合により、阪急阪神ホールディングスの下にあるため、ここでは旧阪神系企業に限定して述べることとする。

各民鉄グループの経営体質は一様ではなく、東急グループのようなコングロマリット化したところと、阪神グループのように電鉄専業色が濃いところもあり、その実態はさまざまだといえよう。

京阪グループ、南海グループなどについても、その現状は電鉄会社主体といった民鉄グループで、かつての阪神グループと大同小異である。

阪神電鉄によるこれまでのグループ経営は阪神百貨店、阪神ホテルシステムズ、阪神バス、阪神タクシー、六甲

摩耶鉄道、阪神タイガース、コンビニエンスストアのアズナス、それに不動産関連事業などがある。

グループ企業数は約50社と公表していたが、企業内企業や分社化で数が増えていた。

実際のグループ企業数はそう多くない。

例えばかつての武庫川車輌、阪神車両メンテナンスなどは電鉄本体の一事業部門として捉える規模であり、その規模は近鉄系の近畿車輌は言うにおよばず、阪急系のアルナ車両と比較しても小さい。

## 事業規模以上に知名度を高めた阪神タイガース

阪急との経営統合で阪神百貨店が、エイチ・ツー・オーリテイリングの一事業所という位置づけで経営されるようになり、経営上では阪急百貨店と完全に一体化されたが、その規模には大差があり、それを売場面積で比較すると、旧阪神百貨店の売場面積が合計6万7000平方メートルであることに対して、旧阪急百貨店のそれは合計で21万8000平方メートルである。旧阪神百貨店の売場面積は、旧阪急百貨店の約3割程度にすぎないことがわか

▲地下に梅田駅を配すターミナルデパート。現在は2期に分けての改築中で部分営業中。2022年にオフィスビルを備えたデパートに生まれ変わる。

◀阪急阪神ホールディングス傘下のエキ・リテール・サービス阪急阪神が展開するコンビニエンスストア。

る。

　一方の阪神系の各ホテル事業については、旧第一阪急ホテルズとの統合により現在では阪急阪神ホテルズになっている。

　電鉄などの交通事業部門にくらべると急速に阪急との経営一元化が関連事業部門を中心に進んだ。

　阪神グループ時代の1967年に大阪梅田に開業したものが「ホテル阪神」だが、これは再開発にともない1999年3月に閉鎖となり、翌4月に福島駅前に移転して再開している。株式会社ホテル阪神がその経営ならびに運営をおこなっていた。

　建物の所有主体は阪神電鉄である。ホテル阪神および「ザ・リッツ・カールトン大阪」の経営主体である阪神ホテルシステムズについては阪神電鉄による100パーセント直接出資だが、ほかにも六甲オリエンタルホテルに66・4パーセントの直接出資、8・2パーセントの間接出資をおこなっていた。

　六甲オリエンタルホテルは2001年3月に元町阪神ビルディングに同ホテルを譲渡しており、元町阪神ビルディングは商号を阪神総合レジャーへと変更した。なお六甲オリエンタルホテ

▲六甲山を登るケーブルカー。六甲山上駅からバスと六甲有馬ロープウェイを乗り継ぐと有馬温泉に行く。

◀標高890メートルに位置する複数の展望テラスを中心とする複合施設。

ルはその後閉館している。

「ザ・リッツ・カールトン大阪」は在阪大手民鉄が海外の5ツ星クラスのホテルを誘致した最初のケースで1997年に開業、その運営をマリオットインターナショナルへ委託した。

阪神のホテル経営の特徴は、所有と経営および運営がその機能ごとに独立してなく、一元統括をおこなう会社が存在していなかったのである。

唯一機能分離されていたケースが「ザ・リッツ・カールトン大阪」であった。

ホテル事業においても流通事業においても、その動きは大手民鉄グループの中で地味な感じであったといえよう。一般にそう感じさせない理由が全国区の知名度を有する「阪神タイガース」の活躍にある。

## 毛並みの良さから狙われた阪神電鉄株

しかし民鉄グループとして脇を固めることが甘かった点は否めず、そこを村上ファンドに狙われた。

阪神電鉄の株価に私が「異常」を肌で感じたのは2005年の秋頃である。それまで400円台半ばを行ったり来たりしていた株価が1200円超を付

**ザ・リッツ・カールトン大阪**

▶梅田にある最高級ホテル。阪神ホテルズが経営。運営をザ・リッツ・カールトン・ホテル・カンパニー L.L.C.に委託している。

けるようになったからだ。

その前年に西武鉄道の騒動があり、一連の流れの中で村上世彰が宮内義彦をバックにして西武に食い込もうと動いていたが、結果的に思うようにならず敗退した。

その矛先を今度は阪神へ向けたかな？と思った。くわしくは言えないが、そう思うに充分な情報を知らされていたからだ。

実はこの時すでにホワイトナイトの予測もついていた。

それはともかくとして翌2006年5月に村上ファンドが阪神電鉄株の46・82パーセントを保有と聞き、これは本気だと思った。確かに阪神電鉄は狙いやすかった。

なにしろ防衛策を採っていなかった証拠として、過半数に迫る株を買い占められたのだから。

阪神間の鉄道事業では守りも攻めも見事だったが企業防衛では守り抜くことができなかった。

よく阪神電鉄は「純血経営」だといわれたが、それなるがゆえに企業防衛に甘さがあったのだろう。

そこに阪神グループのアキレス腱があった。他資本に食うか食われるか、といった経験をしてこなかったのが阪

▲阪神電鉄が所有する球団で、歴史の長いプロ野球球団。

▲梅田から移転開業、福島駅から至近の立地に建つ。大阪や梅田からのアクセスもよく人気のホテルだ。

◀現在は阪神タイガースの本拠地として、高校野球の開催グラウンドとして有名。

神電鉄である。

鉄道史家の故・中川浩一は阪神電鉄を「大手私鉄の中でも、毛並みの良さという点では、筆頭に位置している」と絶賛し、阪急電鉄を「歴史を知るものからは成り上がりの評をまぬがれない」と言っている（『鉄道ピクトリアル』通巻303号P16）。

いかにも鉄道史家であり学者らしいが、企業経営はすべて結果論で決まる。民鉄は営利事業だ。毛並みの良さでは評価はできない。

阪神グループは中川の言葉を借りれば、その毛並みの良さが企業防衛の足かせになってしまったと思う。

彼とはよく議論した思い出があるが、この件について話した記憶がないのが残念である。阪急電鉄を成り上がり扱いすることに異議をぶつけて大いに討論したかった。

# 阪神の 4
# 走る風景

尼崎センタープール前駅付近。

# 「ザ・リッツ・カールトン大阪」

## 日常から離れた
## ぜいたくなひとときを楽しめる

取材旅行が多い私は、大阪で定宿に決めているホテルが「ホテル阪急インターナショナル」であり、ビューバスがある点が気に入っている。バスルームから眺める夜景は実に美しい。このタイプの部屋（デラックスツイン）は12室しかないので予約で取れた時はラッキーな気分になり、大阪への取材旅行がたのしみになる。淀川の花火大会の日には花火が眼下に見えるので気分は最高だ。

大理石を使った明るくゴージャスなバスルームで、シャワーブースがある点もプラスポイントになる。

25階にあるフレンチレストラン「マルメゾン」も落ち着いて食事がたのしめるし、バー「ケレス」の雰囲気も気に入っている。

ライブラリーには小林一三関連の本が多く鉄子の私には利用価値大だ。

ただ、いつも同じホテルではつまらないので気分を変えて阪神系のホテル「ザ・リッツ・カールトン大阪」に泊まってみることにした。「リッツ・カールトン」はアメリカで暮らした学生時代によく使っていたホテルなのでなつかしい。

「ヒルトン」や「シェラトン」そして「ウエスティン」のようなビジネスホテルと違って欧州の5ツ星クラスホテルのムードが「リッツ・カールトン」の魅力である。

大阪の「リッツ・カールトン」もそうした雰囲気をかんじさせる英国ジョージアンスタイルのインテリアになっており、1階の地中海レストラン「スプレンディード」の朝食ではトゥーオーダーでオムレツを焼いてくれ、料理のメンテナンスもよく印象に残っている。

お気に入りの部屋はエグゼクティブ・スイート。そう広くはないが（76平方メートルとのこと）普通のツーリストには充分である。「リーガロイヤルホテル」の広大なメゾネットスイートもよいが1人旅ではオーバーサイズとなる。

このエグゼクティブ・スイートにはCDプレーヤー、テイラーズ・ティーの紅茶のセレクションが付く点もメリットのひとつ。

大阪のホテルの中では前出の「ホテル阪急インターナショナル」とともに大好きなホテルだが、私の両親の世代は、大阪といえば「リーガロイヤル」派が多い。

昼下がりのひとときに1階の「ザ・ロビー・ラウンジ」でアフタヌーンティーをたのしんだが、シャンパンにキッシュ、スコーン、サンドイッチ、シューパフのほかチョコレートやプティフルールも付くフルセットだった。かつて香港の「リージェント」で夕陽に光る海を眺めながら摂ったアフタヌーンティーと双璧を成す感動を得たことを記憶している。阪神グループのフラッグシップホテルの貫禄充分といったホテルだ。

いつも大阪に泊まる時に、カールトンか、阪急インターナショナルか迷うたのしみがある。このホテルのインドアプールは「泳がない」プールといった感じで、これも「マンダリン・オリエンタル香港」のハーレクインクラブを思い出す。

このホテルは日常から離れて、心のエスケープをしたい時などに最高のホテルである。

「リッツ・カールトン」といえば「ラウンジ文化」だが、特に「リッツ・カールトン大阪」のクラブラウンジは質が高い。レギュラーレートに、サーチャージをプラスしてクラブフロアに泊まる価値は充分ある。

大阪には外資と提携したホテルが多いが、この「ザ・リッツ・カールトン大阪」はその中でも抜きん出た存在といえよう。

ちょっとドレスアップして行きたいホテルだ。

▲西日本のビジネスと文化の中心地に建つホテル。

# 阪神電鉄の車両

▲神戸三宮駅から近鉄奈良駅に向かう1000系。

## 緩急混在ダイヤを可能にした車両の使い分け

大手、中小を問わず車両を急行系と緩行系に明確に分けて使用している民鉄は阪神電鉄1社だけである。

短い駅間距離の路線なるがゆえの工夫であり、いかにして効率的なダイヤを組むことができるのか、そのための施策であるといえよう。

車両の加速度性能、減速度性能を急行系車両と緩行系車両とで分けており、急行系車両では中高速域からの再加速性能を高め、緩行系車両では発車直後の加速性能、および停車するための減速性能を高くしている。

これにより緩急混走ダイヤを合理的に組むことができ、各駅停車が後続の急行のジャマをする確率が減少する。

阪急神戸線のように比較的駅間距離が長い路線では、さほど問題にはならないが阪神のように駅間距離が短く、さらに高密度運行で速度が異なる列車を走らせる場合、全体の速度を高める方法として最も重要なことは各駅停車の表定速度を高くすることが有効となる。ひらたく言えば「逃げ足」が速い車両を各駅停車に充当することが効果的だ。

**梅田駅の行き先表示板**

▲特急、普通、急行、直通特急が分刻みに発車する梅田駅。用途に特化した車両がこの運行を可能にしている。

**急行用と各駅停車用**

▶急行用車両8000系と各駅停車用車両5000系。

急行系車両に突出した性能は必要ない。

この使い分けが理想だが実際にこれをおこなっている民鉄はあまりないのが現状である。その理由は車両運用効率を重視するためであり、用途別に車両を揃えると、そのオペレイションが面倒だからだ。

阪神電鉄は短距離かつ単純な路線形態で開業したので車両運用もおこないやすかった。

そうした歴史的経緯と、やはり高速運行の阪急へ対抗するための必然から生まれたものといえよう。

関東の京王電鉄も駅間距離が短いが、阪神電鉄のような車両の使い分けは実施していない。やはりそこには並行ライバル線の有無が関係する。

JR東日本・中央線は京王線の並行ライバル路線だと言われているが実際には異なっている。またJR東日本・東海道線と一部が重なる（品川～横浜間）京浜急行電鉄の車両は全車に比較的高い加速減性能を与えつつ高速性能を考慮している。

阪神に近い考え方だが800形以外は汎用車とひとくくりにすることが可能だ。2100形は車内設備が相違するほかは1000形と同一性能と見る

▲8000系と9300系の一部にクロスシートが採用されており、居住性を高めている。

ステンレスボディの1000系

▲ステンレス製でレーザー溶接構体を採用し、強度を向上した車両。近鉄との相互運行用として走行する。

ことができる。

800形が阪神の青胴車に近い性格の車両である。

阪神のダイヤは急行系に近づけた一種の平行ダイヤであり大変めずらしい。

通常の平行ダイヤは各駅停車を基準に作成されているからだ。

それができるのも青胴車の高加減速性能に負うところが大きい。

## 無難なデザインの中に自慢の性能が光る

阪神電鉄の車両は18メートル級の車体長および2・8メートル幅の3扉両開きドアで、全車が実用的な通勤型車両である。

一部にクロスシート車があるが観光目的の車両ではない。

昔から「阪神クッション」と言われるように座席の掛け心地に定評がある。

近年になりステンレスカーが加わり、こちらはシルバーをベースに、ヴィヴァーチェオレンジのカラーリングとなった。

阪神の車両は阪急のマルーンと対照的で、軽快さをその特徴としている。

車内の造作やインテリアなど、これといって際立った個性はないが、無難にまとめた印象を受ける。

走行装置では、さまざまな試行を重ねており、サイリスタチョッパ(電機子チョッパ)の導入も早くから実施された。

以下、形式ごとに概説する。

(データは2016年4月現在)

# 阪神 5000系

▲ジェットカー冷房化のため量産された。

## ジェットカーで親しまれた各駅停車用車両

旧5001形、5101形、5201形計32両は1958年から1960年にかけて製造された車両で、高加減速性能をその特徴とする各停用車両であり、ジェットカーと呼ばれて親しまれていたが、クーラーがないなどの点もあり各駅停車の質的改善を目的に1977年～1981年までに廃車された。

その代替新造されたのが5000系で1977年に登場した。

構体は車体下部にRがつく普通鋼製で、両開扉のドアエンジンを鴨居部に装備している。側窓は2段ユニット窓。前面オデコの行き先表示窓は追設されたモノで、登場当初にはなかった。

台車には空気バネを持つ住友FS391Aが使用されており、S型ミンデン台車である。下揺れ枕がないダイレクトマウント台車となり、従来の金属バネ台車にくらべて柔らかな乗り心地となった。

主電動機出力は90キロワットの東洋TDK8145Aを使用し、歯車比は5.69とした平行カルダン駆動である。

主制御器は東芝PE30A1。制動はHSC-Dで抑速機能付き。

低圧補助電源装置はMGで、東芝CLG346。入力80キロワット、出力75キロボルトアンペアであり、2両1ユニット分の給電をおこなっている。

電動空気圧縮機（CP）はC2000Lだが登場時は旧式のDH25Dを流用して、これをダブル吊りしていた。

当初は2両固定編成だったが1989年に4両固定編成へ改められた。

形式は全車が5001形だが、Mc1、M2、M1、Mc2がありパンタ、主制御器はMc2とM2に、MG、CPはMc1とM1に装備している。

4両編成×8本、計32両在籍。

▲かつて行き先表示が下げられていたサボ掛けが残る。

# 阪神
# 5130系
# 5330系

▼三菱製のチョッパ制御を
搭載する5330系。

## 加減速の多いジェットカーで
## 主回路チョッパ制御が本領発揮

阪神電鉄では各駅停車の車両冷房化を進めるため5231形を廃車し、その代替として5131形（5130系）を1981年〜1983年にかけて製造した。

車体については5000系と同じだが、5130系では主制御器を電力回生制動付きの主回路チョッパ制御としており、東芝BS470Aが用いられ、ブレーキはHSC-R抑速付きとなっている。

主電動機は出力75キロワットの東洋TDK814Bであり、歯車比は5.69の平行カルダンである。

台車は5231形から流用した住友FS343なので下揺れ枕吊り式の軸バネ、ペデスタル台車であり、枕バネは金属コイルバネ。

MGは東芝CLG346、CPはC2000Lで5000系と同じである。

5330系は主制御器が5130系と異なり三菱製。CFM108-15RHを装備している。

形式は5130系が5131形、5330系が5331形で車種に関係なく同一形式であるのは5000形と同じである。

電力回生付き主回路チョッパ制御は青胴車に最適だったろう。

阪神のような駅間距離の短い路線を走る各駅停車は、必然的に起動停止回数が多いので電力損失も多く、抵抗制御では不利なうえ、さらに起動加速度が高い青胴車では動輪粘着係数が高い主回路チョッパ制御は有利であるからだ。抵抗制御（界磁チョッパ制御をふくむ）は主制御器の進段時に動輪が空転しやすく、結果として粘着係数（静摩擦係数）が落ちてしまうというのが、その理由である。

さらに各駅停車のランカーブ（運転曲線）は最高速度が急行系より低いため、ブレーキ初速もそう高くない（時速100キロ超のような）。主回路チョッパ制御（電機子チョッパ制御をふくめて）における電力回生は主電動機の発生電圧と、主平滑リアクトル電圧の和で回生するため主電動機発生電圧が架線電圧以下でないと回生できない。

このためブレーキ初速が速いと回生を絞り空制補足をするが、ブレーキ初速がそう高くなければ回生電流を有効に生かすことができる。VVVFインバータ制御の出現でサイリスタチョッパ制御も過去のモノとなってしまった。

5130系が4両編成×3本計12両、5330系が4両編成×1本計4両が在籍しており合わせて16両である。

▲東芝製のチョッパ制御を搭載する5130系。

▲阪神・淡路大震災後に登場した普通車の主力車両。

## 復興のシンボルとして登場した青胴車

阪神電鉄初の量産形VVVFインバータ制御車で、1995年秋に登場した。

同年1月に発生した阪神・淡路大震災で被害が大きかった阪神電鉄だが、被災車両の代替新造をふくめて製造された36両が5500系である。

旧型青胴車の置き換え用でもあり、その車体はモデルチェンジにより、8000系2次車の流れを汲むスマートでアカ抜けたスタイルの都会的デザインとなっている。

前面をブラックでひきしめた点は8000系と異なり、カラーリングを上半アレグロブルー、下半をシルキーグレイとしたクールな装いとなった。

阪神スタイルはそれなりに個性もあり、伝統的フォルムであったが、やや古典的であり、8000系以降から現代的なスタイルへと移行している。

編成は4両で全電動車は青胴車の伝統を受け継いでおり、VVVF車のオールM編成はめずらしい。

形式はMcが5501形、Mが5601形。

主制御器は三菱MAP118-15V55。インバータ周波数は0～200ヘルツ、容量2754キロボルトアンペア、素子はGTOサイリスタであり、素子容量は4500ボルト耐圧、最大制御可電流3000アンペアである。インバータ装置は2ステップ。1C8M方式で主変換装置質量は2015キログラム。主電動機は出力110キロワットの3相交流誘導電動機の東洋TDK6145A。

定格回転数2200rpm、最高回転数5033rpm。歯車比は7.07で平行カルダンである。

台車はボルスタレスの住友SS144を使用。ブレーキはMBSA-Rとなった。

全電気指令式電磁直通空気ブレーキ、電力回生連動である。

低圧補助電源装置はSIV（CVCF）の東芝INV094。CPはC2000MLである。

4両編成×9本計36両が在籍している。

▲乗務員室の背後に設置された3人掛けシート。

# 阪神 5550系

▲5500系の改良版として登場した5550系。

## 阪神車両初のアルナ車両製、5500系の改良車

2010年8月に登場した青胴車で、5500系の改良車である。

従来の全電動車方式から変化し、Tcを加えた3M1T編成になった。

構体は普通鋼製で変わりないが阪神の車両として初のアルナ車両製であり、従来の川崎重工や武庫川車輌（阪神車両メンテナンス）製とは異なる。但し艤装工事については阪神車両メンテナンスで実施した。

主電動機が170キロワットに増強された東洋TDK6147Aとなり、歯車比を6.06へ変更している。

主制御器は三菱MAP174-15V163Bである。

ブレーキ装置はMBSA-R、CPはC2000MLで5500系と大差ないが、SIVが東芝INV146-LOとなっている。

台車についてはM台車が住友SS171M、T台車が住友SS171Tでボルスタレス台車である。

基本性能は釣り合い速度110キロ、加速度4.0キロ毎時秒、減速度4.5キロ毎時秒。3M1T化できたのは、ベクトル制御による動輪粘着係数が改善されたためであろう。V/F一定スベリ制御からベクトル制御となったことで粘着特性も向上している。

当初期待したほどの粘着性能を得られなかったVVVFインバータ制御であるが、かなり改善されており、Tcを加えることができた。編成は4両で元町方の先頭車がTcの5562形である。

なお5550系は4両1編成のみとなっている。

▶行先表示器がフルカラーLED式に変更された。

# 阪神
# 5700系

▲2016年、鉄道友の会から阪神車両としては初の「ブルーリボン賞」を受賞した。

## サービス向上と環境への負担軽減をコンセプトに開発された新世代ジェットカー

2015年8月24日から営業運行をはじめた車両で、そのスタイルやデザインは先に登場した1000系に共通するが、5700系はいわゆるジェットカーの一党であるためカラーリングを青色系のカインドブルーとしている。

5700系は5001形、5131形、5331形の置き換えを目的としており、編成は4両編成の全電動車だが、Mc車は主電動機を2台としている。

このため実質的には3M 1T編成に相当する。

基本性能は5500系、5550系と同様であり、釣り合い速度110km／h、加速度4.0km／h／sec、減速度4.5km／h／sec（EBも同じ）である。

形式はMc1、Mc2が5701形。M1、M2が5801形で、Mc1、Mc2にSIV（NC-GAT150C）、CP（C-2000ML）を装備し、M1、M2にVVVFインバータ制御装置（SVF102-E）、パンタグラフ（PT7160A）を装備する。

なお梅田方のM1車はダブルパンタ、元町方のM2車はシングルパンタとなっている。

SIV装置はAC200V、150KVAの3ステップ式電圧形PWMインバータ。

CP装置はレシプロ2段圧縮で吐出量は毎分2000リットルである。

VVVFインバータ制御装置は2ステップPWM制御のIGBT－VVVFインバータで1C6M、3300V耐圧、制御可電流500A。

低騒音化を目的とするべく変調時にキャリア分散方式を採用し、Sic（シリコンカーバイト）素子のため従来のものとくらべて約30パーセント程度の省エネルギーとなっている。

Sicは東京メトロ1000系から使用されるようになり従来のシリコン系素子より性能が向上している。

主電動機（SEA－545）は出力190kw、AC990V。130A、100Hzにおいての定格回転数2000rpmを示す。このモーターはPMSM(永久磁石同期電動機)であり、誘導電動機(IM)のような銅損がないので数パーセントほど効率がよくなっている。PMSMを制御するには同期はずれを防止しなくてはならず従来は1台の主電動機に1台のVVVFインバータ制御装置が必要(1対1の個別制御)であった。このためイニシャルコストが高くあまり普及しなかったが、ここへきて採用例が徐々に増えている。

PMSMは、ほとんど発熱しないため全閉構造が可能で、メンテナンスに有効である。

駆動装置はTDカルダンで歯車比は16:97(6.06)となり、台車はボルスタ付きダイレクトマウント式空気バネ台車（FS581M、FS581T）を装着する。

ボルスタレス台車から再びボルスタ台車となった例は東京メトロと同じだ。

軸箱支持はモノリンク式となっている。

ブレーキ装置はMBSA-R（全電気指令式電磁直通空気ブレーキ、電力回生制動連動）であり、M車にブレーキ受信装置を装備して、Mc-M2両を制御する。

SB（常用制動）では1車ごとにBC（ブレーキシリンダー）圧力を調節しており、電力回生優先が原則だが回生電力不足時には、空制補足が全台車に均等に作用する。
滑走防止制御装置を全台車に備え、台車ごとに個別制御をおこなう。

5700系は「ジェット・シルバー5700」と称するように初代ジェット・シルバー5201形以来の車両であり、青胴系としては約半世紀ぶりのステンレスカーとなった。

第1編成のロールアウトは2015年6月25日。メーカーは近畿車両である。

# 阪神 8000系

▲リニューアル工事で一部の中間車両にクロスシートが配置される。

転換クロスシート車は8211Fの8011、8111、8112、8012。

8215Fの8115、8116。

8221Fの8121、8122。

8213Fの8117、8118。

8219F の 8019、8119、8120。8223F の 8123、8102。

8225Fの8125、8126。

8227Fの8127、8128。

8229Fの8129、8130。

8231Fの8131、8132である。

8000系は6両編成×19本計114両在籍しており、阪神一の大世帯となっている。初登場は1984年である。

## 本線急行用の主力として活躍する赤胴車

VVVF インバータ制御が実用化される前の定番であった界磁チョッパ制御（FR チョッパ制御）を採用したグループが 8000 系である。

界磁チョッパ制御は主回路が抵抗制御のため、主回路チョッパ制御の利点はほとんどないが、イニシャルコストの抑制が利くうえ、主回路チョッパ制御の泣き所だった高速域からの電力回生が使いやすいメリットがある。

主回路チョッパ制御では定格速度を高めに設定し、主電動機出力を上げたものが多いが、それは見かけ値にすぎない。

要は過電圧を極力避けるための方策として定格点を高めに設定している。

界磁チョッパ制御では、そうした心配がない。主回路チョッパ制御とは逆に見かけ値よりも実効値が高いともいえよう。

省電力、乗り心地という点では主回路チョッパ制御におよばないが、ゼロアンペア制御を使いやすい大きなメリットがある。

界磁チョッパ制御は複巻電動機の界磁制御をサイリスタチョッパで制御するものだが、主回路抵抗が短絡されてからの弱め界磁制御領域ではラインブレーカー（LB）を閉じたままで力行⇔惰行⇔制動（電力回生）をおこなう。惰行時も架線から線路まで回路はつながっている。電機子と界磁子を等電圧（ゼロアンペア）にすると電位差がなくなるので電流は流れず惰行できる。

界磁を弱めれば力行へ、強めれば電力回生制動へ瞬時に転換する。その応答性の良さは VVVF インバータ制御に勝る速さだ。

デメリットのひとつとして複巻電動機の他励界磁子が架線電圧の急変に対して、コンマ何秒かのタイムラグで遅れるため、フラッシュすることがあり、カーボンブラシによる汚れが目立つことである。直巻電動機にはない欠点だといえよう。

意外に界磁チョッパ制御を理解している鉄道ファンは少ない。界磁チョッパ制御イコール省エネ電車という答では理解したとはいえないのである。

この 8000 系には他にも阪神初の新方式が採用されており、MBSA ブレーキと CVCF（SIV）がそれだ。つまり 8000 系は電車にパワーエレクトロニクスを採り入れた形式といえよう。

その 8000 系だが 1 次車のみ車体デザインが従来の阪神スタイルで登場した。これもよく見ると前面貫通口の幌、ジャンパ栓、エアホースがなく、固定編成化したため先頭車前面に増結することがないための変化である。2 次車からフルモデルチェンジされ、側窓を 1 枚フリードロップ窓に改め、前面窓の大型化でスマートなイメージにドレスアップした。このスタイルが 5500 系に引き継がれていく。

主電動機には出力 110 キロワットの東洋 TDK8170A を用いており端子電圧が DC340 ボルトであることから過電圧使用を前提としていると考えられ、この手法は TDK モーターではめずらしく、MB（三菱電機）の直流主電動機によく見られる。

主制御器は 1C8M 制御の東芝 BS1403A で 15 パーセントまで界磁弱め連続制御をおこなう。

台車は軸箱支持鋼性値を下げ、曲線部通過性能を上げた SU ミンデン台車となり、M 台車が住友 FS525、T 台車が住友 FS025 であるが、8502 は住友 FS090A、8218～8220 は住友 FS090、8002 と 8102 は住友 FS390A である。

歯車比は 5.77、平行カルダン駆動。

SIV は東芝 BS483F と、三菱 NC-DAT110A の 2 種が使用されているが、ともに出力は 110 キロボルトアンペアである。CP は C2000L。

8000 系における外観の変化は 2 次車以降にもあり、8233F（編成）から側窓が単独窓から 3 連ユニット窓に変化した。

# 阪神 9000系

▲1996年に阪神・淡路大震災で被害を受けた車両の不足分として製造された。

## 近鉄への乗り入れに対応したステンレスカー

阪神電鉄においては5201形「ジェットシルバー」以来のステンレスカーであり、1959年以来ということになる。

5201形はセミステンレスカーだが、9000系は本格的なオールステンレスカーとなった。

このグループは阪神淡路大震災後の車両不足を補うために1996年に登場し、6両編成×5本計30両が造られた。

阪神に新風を吹き込んだ車両である。

スタイル自体は平凡だが、カラーリングで充分に個性を発揮しており、ヴィヴァーチェオレンジに、ホワイトをアクセントカラーにした帯が走るが、登場時はオータムレッドにオフィスグレイであった。

編成は4M2Tの6両編成であり、両端がTcである。

主制御器は三菱MAP118-15V59。主電動機は東洋TDK6146Aで出力は130キロワットである。

平行カルダン駆動で歯車比は6.06。この数値は9300系および1000系と共通しており、主電動機については9300系と同一品となっている。その定格回転数は2635rpm、最高回転数は4950rpmである。

台車はボルスタレスの住友SS144A（M台車）、住友SS044A（T台車）。

SIVは東芝INV094LO、CPはC2000MLを装備している。

Tcの自重25.0トンは阪神の旅客車としては最軽量であり、M'が32.5トン、Mが34.5トンである。

9000系は全編成が近鉄への乗り入れに対応している。

この系列のよさは、オーソドックスな設計の中に阪神カラーが、さりげなく溶け込んでいる点にある。

固定編成という概念が、この9000系で阪神電鉄に定着したように思える。

▲登場時はオータムレッドの帯をまいていた。

# 阪神 9300系

▲クロスシートが搭載され車内サービスが向上した。

## 梅田～姫路間のロングランに備えて設計

2001年3月に登場した車両で、車体は普通鋼にもどり、上半をプレストオレンジに、下半をシルキーベージュに塗装した急行系赤胴車である。

各駅停車用青胴車5500系、5550系の急行車版であり、そのスタイルもスマートで柔らかみがあって、どこかアカ抜けている。前面デザイン処理が絶妙で、ななめにカットした前面下部に特徴がある。

9300系の主電動機は前記のとおり9000系と同じ東洋TDK6146A（130キロワット）だが、主制御器が東芝製となり、SVF047-A0を装備し、台車はボルスタレスの住友SS144B（M台車）、住友SS044B（T台車）へ変更された。

SIVは東芝INV094L0、CPはC2000ML。

9300系の車内設備は、この系列が梅田～山陽姫路間特急用としても設計されたことから、ロングランに備えて中間車を転換クロスシートにしている。

車内はペールアイボリー系の壁面に、ココアブラウン系の座席で仕上げ、落ち着いた内装である。

6両編成×3本計18両が造られ、以降の増備は1000系となった。

9300系のプレストオレンジは、ヴィヴァーチェオレンジへ変更され、イエロー系オレンジとなり、1000系と色彩上の共通点がみられる。

▲前面のデザインが特徴。

# 阪神 1000系

▲近鉄車両に合わせて回り子式（柴田式）密着連結器が採用されている。

## 阪神グループのアイデンティティーを前面に押し出した車両

2007年に登場した車両で、阪神なんば線全通による近鉄奈良線との相互乗り入れを前提に製造された。

車体は9000系に次ぐ軽量ステンレス車体を採用し、その斬新なデザインが人目を引く。阪神タイガース球団のビルボードトレインといった車両であり、阪神グループのアイデンティティーを強く前面に押し出した印象を受ける車両となった。

ひとつには阪急との経営統合で、阪神カラーを強調しているようにも見える。

側扉部分をヴィヴァーチェオレンジで仕上げ、戸袋部分にホワイトの太いベルト模様を入れたユニークな外観をしている。

前面をブラックでひきしめたシャープなマスクが1000系の特徴。

車内はロングシートながら座席形状をセミバケットタイプにすることで快適さを確保しつつ、区分座席にして着席人数を明示している。座席モケット色はシックなグリーンで品良くまとめ、ホワイト系の壁面が明るく調和している。

レーザー溶接で仕上げた車体はアルミ合金車体のFSW工法仕上げのようなフラットさがあり、ステンレス固有のギラギラとした質感もなく落ち着いた印象である。

編成は6両編成と2両編成があり、6両編成は3M3T、2両編成は1M1TでMT比が1：1になった。

阪神にも動力集中化の波が押し寄せてきた。

主電動機は170キロワットに出力増強した東洋TDK6147Aを用い、その定格回転数は1890rpm、最高回転数は4950rpmである。歯車比は6.06、平行カルダン駆動。

主制御器は6両編成車が三菱MAP174-15V163、2両編成車が三菱MAP174-15V162であり、インバータ周波数は0～255ヘルツ、IGBT素子容量は3300ボルト耐圧、最大制御可電流1200アンペアである。ステップは2ステップ。

ブレーキ装置はMBSA-Rで抑速機能を持つ。

SIVは東芝INV146Lを6両編成車に用いるが、2両編成車ではVSデュアルであり主制御器内に一体内蔵としている。

台車はモノリンク軸箱支持のボルスタレス台車、住友SS171M、住友SS171Tを装着する。

CPは6両編成車がC2000ML、2両編成車がC1500LAである。

1000系は6両編成×13本、2両編成×9本、計96両が在籍している。

なお近鉄への乗り入れ車は1000系、9000系である。

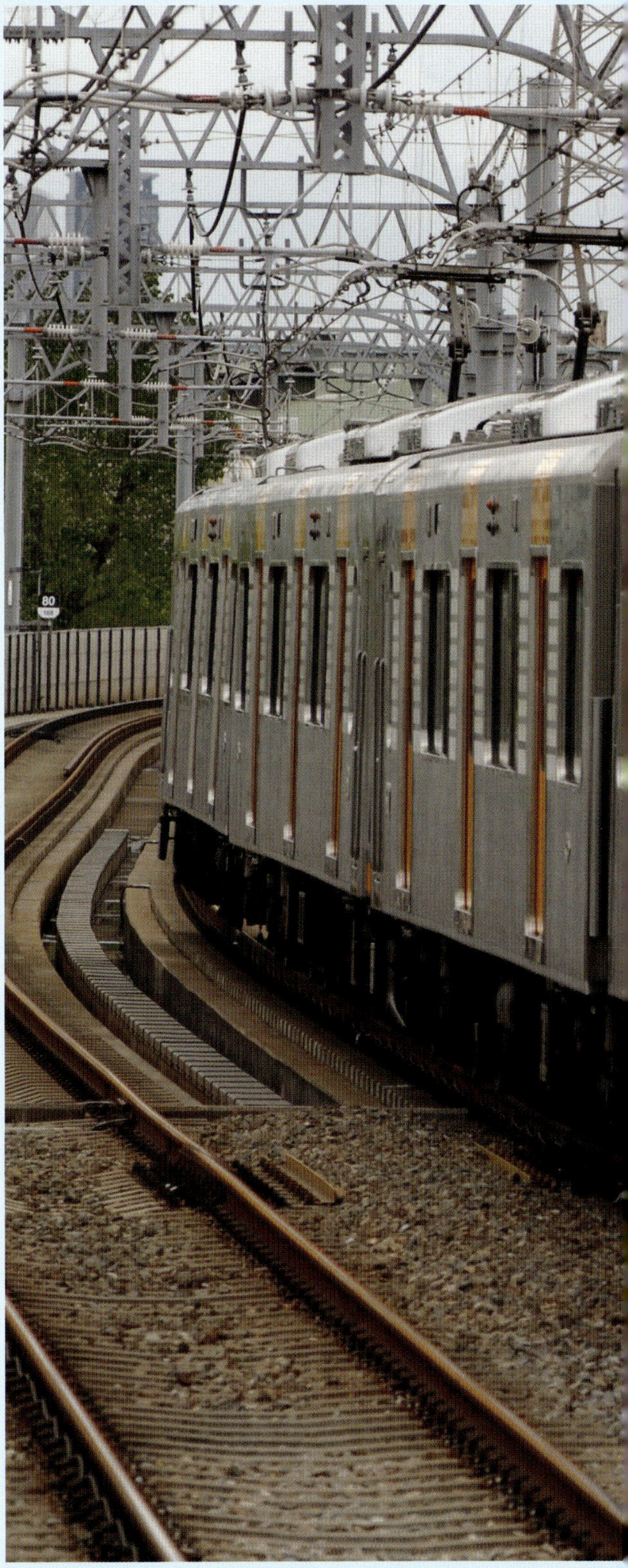

# 阪神
# 7890系

▲3910系を改良して武庫川線用車両として走行。

## 急行用の余剰車を改造した赤胴車

3901形の2両を改造してMc＋Tc編成としたもので、7890形の下まわりについては3801形から流用している。

主電動機出力は130キロワットの東洋TDK8140A、主制御器は三菱ABFM138-15MDHAを改造したものを使用する抵抗制御車である。

台車は住友FS390（M台車）、住友FS090（T台車）でS型ミンデン台車であり、ダイレクトマウント空気バネ台車である。ブレーキ装置はHSC電磁直通空気ブレーキ。MGは東芝CLG346。CPについてはC2000Lに換装しているが、もとはDH25Dである。

歯車比は5.77で平行カルダン。

赤胴車の一党だが武庫川線でワンマン運行に就く。編成は7890形（Mc）＋7990形（Tc）1本で2両のみが在籍したが2016年に廃車となった。

# 阪神 7800系

▲かつて急行用車両として走行していた。現役車両で最も古い。

## 急行車両7801形・7901形を基本に改装

前記した7890系と同じく武庫川線ワンマンカーとして使用されるが、こちらのベースは7801形、7901形であり、1966年に登場した。主電動機出力が110キロワットであり7890形の130キロワットより小さい。形式名は東洋TDK814-1C。主制御器は三菱ABFM114-15MBである。ブレーキ装置はHSCで、7890系同様に電気ブレーキを省略している。

台車はM台車が住友FS341、T台車が住友FS341T（M台車より改造）であり、ともにボックスペデスタル軸バネ台車で、枕バネは金属コイルバネである。

歯車比は5.69.平行カルダン駆動。

武庫川線は高加減速性能が不要な線区なので赤胴車の古参車両を投入している。

7800系は2両編成×3本計6両のみの在籍である。

▶かつて主力だった片開きドアが唯一みられる。

# 思い出の名車 3011形

▲1950年代に登場した高性能電車のひとつ。

金属枕バネの揺れ枕吊り式台車であり、軸箱支持方式は軸バネ型ペデスタルである。ブレーキは片押しシングル。なおボルスタアンカーはない。

このFS202をベースにして、これをアルストーム軸箱支持とした台車は東武、名鉄、小田急で使用された（もちろん狭軌化して）。東武1700系、1710系のFS308、小田急2220形のFS316、名鉄5000系（初代）のFS307がそれである。

3011形のスタイルは前面2枚窓、四隅に大きなRがあり、日野ヂーゼル（現・日野自動車）のセンターアンダーフロアエンジンバスの前面窓とよく似ていた。

側扉は片側に2箇所の片開き扉があり、窓配置はMc車が、d1D7D1、M車が1D7D1である。

車内はクロスシートで特急車両の風格を感じさせた。連結面妻窓がパノラミックウィンドーというのがユニークだった。

カラーリングは車体上半がクリーム、下半がラシットマルーンで登場。

梅田〜三宮間をノンストップ25分で走破した伝説の名車だが、1964年の改造でスマートさが失われてしまったのが残念である。

## 梅田～三宮間をノンストップ 25分で走破した伝説の名車

阪神電鉄初の大型車体を持つ形式であると同時に、初のカルダン駆動による高性能車として1954年に登場した車両が3011形である。

編成はMc1＋M3＋Mc2の3連で全電動車方式を採用した。全長18メートル級の大型車で車体はセミモノコック構造とし、その材質は高抗張力鋼を用いて軽量化している。

車長1メートルあたりの自重は1.5トンと軽いのが特徴。

ステンレス鋼やアルミ合金を用いて車体を製作することは、もう少し時代が下ってのことである。

3011形の製造を開始したのは1953年（営業運行は翌1954年）であり、その当時における軽量車体はモノコック、セミモノコック構造を採用して外板を高抗張力鋼とするものが多かった。京王2700形などがその嚆矢にあたる。

また車両の走行装置ではカルダン駆動が実用化されている。3011形は直角カルダンで登場した。この「カルダン」という名称は鉄道車両界で使われているが、その由来は自在継手を発明したイタリア人のカルダーノに由来している。

3011形はプロトタイプのため必ずしもその技術のすべてが量産車で使用されたとは限らず、直角カルダンも平行カルダンに移行した。

3011形の主電動機は東芝SE516と、東洋TDK858Aがあり、その出力はともに59.4キロワット。

半端な数字であることから見ると当時はまだキロワットではなく馬力換算していたようだ。馬力にも英国馬力（HP）と、フランス馬力（PS）があるが、鉄道界では英国馬力を用いたのではないだろうか。

75キロワット≒100馬力とみなしていた。3011形の主電動機出力をHPに換算すると80馬力になる。

1HP＝745.7ワットだ。ちなみに1HPは物体に550ポンドの力を加えて1秒間に1フィート移動させる力のことである。

1PS=735.5ワット。1PSは物体に75キログラムfの力を加えて1秒間に1メートル移動させる力のことをいう。

なお現行の計量法ではPSを用いているが、最近ディーゼルエンジンの出力をキロワットで表現することに違和感がある。

3011形は設計時に、おそらくHPで考えていたと思える。

主制御器は東芝PE15BHを使用。

ブレーキ装置は減圧制動のAMAR-Dだが後年になりHSC-Dへ改良されている。

自動空気ブレーキがまだ主流であった。

MGは三菱MG105S、CPはDH25、パンタはPT41SA1を備える。

CPのDH25は流用品だろう。古典機であるから、そう思える。1953年という時代にDH25を新造したとは考えづらい。

このCPの出自はアメリカウエスティングハウスである。余談ながら記すとDH25は現在（2016年）も現役で東武6050系で使用しているが、90歳超の古典機だ。

3011形の台車は住友FS202。

# 阪神電鉄と三崎省三

## アメリカから導入された阪神間の<br>都市間電気鉄道《インターアーバン》を支えた車両製造の技術

阪神電鉄を技術面で支えた三崎省三は、1867年の生まれで、その生誕地は丹波国氷上郡、現在の丹波市である。

1886年7月に東京大学の前身にあたる大学予備門へ入学し、同年12月にアメリカへ渡りサンフランシスコのハミルトン・グラマースクールを経て1891年にスタンフォード大学へ入学。翌年にパデュー大学へ移り、1894年同校電気工学科を卒業した。

帰国した彼は藤岡市助の紹介で三吉電機工場の技師となり、京都電気鉄道の電動機製造工場に入社し、技術長となる。

同年9月2日に再度アメリカへ渡り当地の電気鉄道を視察して帰国。この視察から得た体験から彼は阪神間を60分以内に結ぶ鉄路を企図し、国際標準軌間である1435ミリゲージ、そしてボギー車両の採用を提言した。1914年4月に取締役に就任。1917年に専務取締役、1922年4月に代表取締役に昇格した。

視察中のアメリカで彼はGE（ジェネラル・エレクトリック）製の制御器、主電動機（45HP)、SM-3空気ブレーキ装置、ペックハム台車14B3型などを買い付けた。これらにより阪神最初の車両を製造している。

阪神電鉄の車両はGE、WH（ウエスティングハウス）の機器を最初に使用したためか、その後もGE系技術の東芝、WH系技術の三菱の電装品が中心となり、そうした中で主電動機については英国デッカー（後のイングリッシュ・エレクトリック）系技術の東洋電機の製品を用いているが、これはおそらく渋沢栄一との関係からであろう。

東洋電機の創立と渋沢栄一は密接な関係にあり、京阪電鉄が東洋電機を重用するのも渋沢栄一との関係からだと思える。

渋沢は京阪電鉄設立発起人でもある。

阪神電鉄と縁がないのは純国産技術で成長した日立だけだ。

各大手民鉄と重電メーカーとの関係は、すべて資本系列と、人脈できまっていると言っても過言ではない。

阪急が神宝線車両を東芝の電装品で固めているのも、小林一三が三井銀行の出身だからである。

三崎省三は1927年9月7日に阪神電鉄代表取締役専務を退任。1929年2月23日に他界した。

▲現在も最新の技術を導入し、都市間電気鉄道としての役割を果たしている。

# 阪神電鉄の略歴

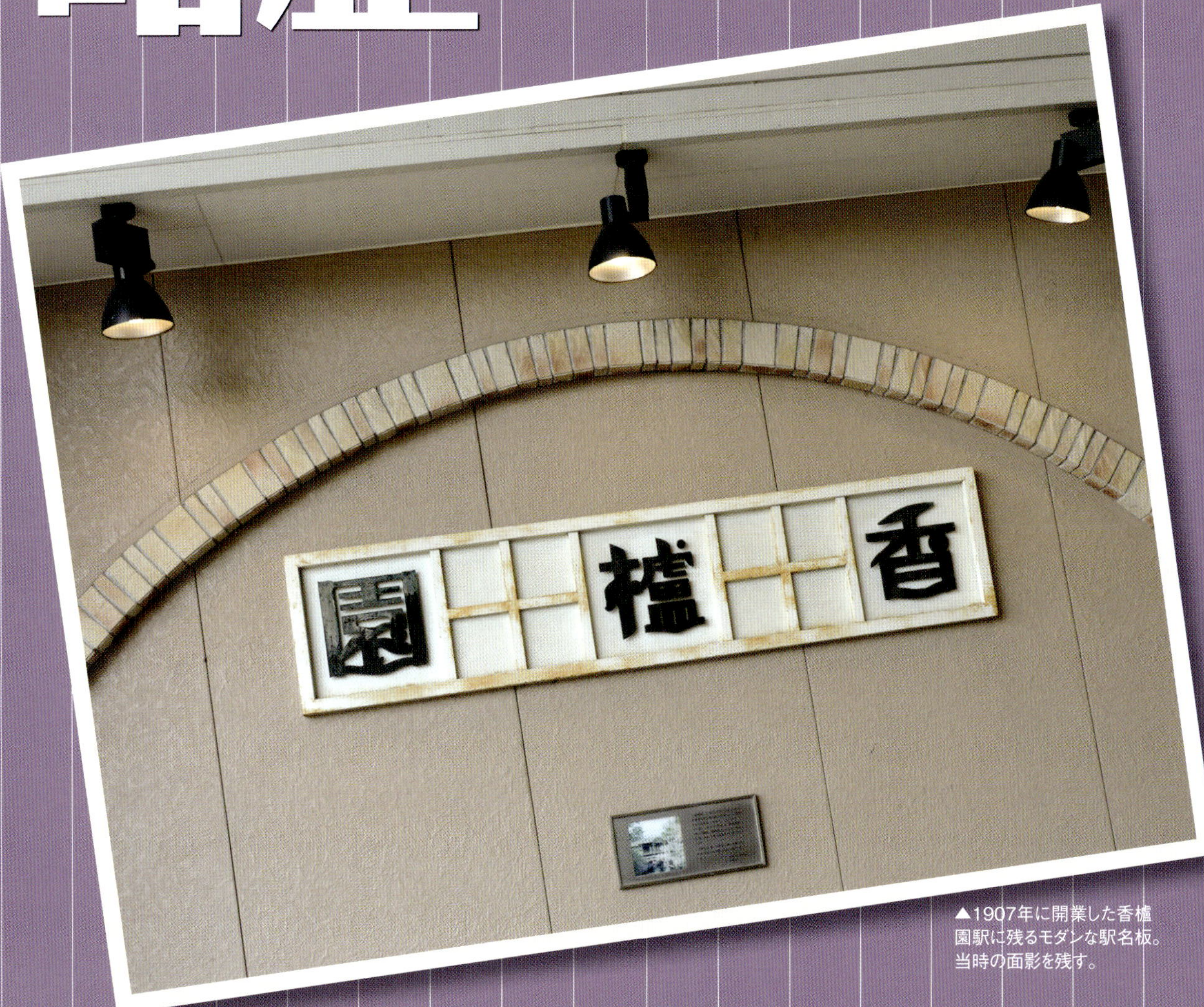


▲1907年に開業した香櫨園駅に残るモダンな駅名板。当時の面影を残す。

## 阪神電鉄の名は今も昔も変わらない

阪神電気鉄道（阪神電鉄）は現存する電気鉄道事業者として、京浜急行電鉄とともに最古参と言える民鉄であり、さらに開業時の社名を変更することなく今日に至る大手民鉄である。

東武鉄道、相模鉄道もまた開業時の社名で営業している大手民鉄だが、この2社のルーツは蒸気鉄道であり阪神電鉄のように生まれながらの電気鉄道ではない点が阪神電鉄と異なっている。

阪神電鉄は京成電鉄と同じく一度も他社に合併されたことがない存在であったが、阪急との経営統合を実施、だが阪神の社名は変更されることなく連綿と続いている。

阪神電鉄のルーツを辿れば1899年5月30日に会社設立の申請を提出し、同年6月12日に特許された摂津電気鉄道に遡る。

同年7月7日に商号を阪神電気鉄道へ改称した。

開業は1905年4月12日であり、この日に大阪出入橋〜神戸三宮間で営業を開始。

しかし開業に至るまでには特許交付をめぐり監督官庁との虚々実々のかけ

**100周年記念碑**

▲阪神電鉄本社前に建つ石碑で、周りには国道線の敷石が利用されている。

**阪神国道線**

▲『家を建るなら』（解剖社発行）に掲載された1937年の阪神国道線里電停付近（国会図書館蔵）

**レンガ倉庫**

▶尼崎にある阪神電鉄の火力発電所として使用されていた建物。

ひきが展開されている。

結局のところ内務省の助力を得たことで開業に漕ぎつけたが、これは軌道条例が逓信省と、内務省との二元管理によるところが大きく、阪神では内務大臣にターゲットを定めて策動した結果だといえよう。

逓信省では官設鉄道である東海道線と競合することをおそれて難色を示していたのであるが、内務大臣に押し切られたというのが事の真相である。

軌道条例で開業した阪神電鉄が、実質的には高速鉄道として営業できたのは軌道条例の拡大解釈によるもので、この案を考え出したのが内務官僚である。

阪神電鉄は開業以来長い間、軌道条例→軌道法の適用を受けて営業してきた民鉄だが、1977年12月27日に適用法規を地方鉄道法（現在の鉄道事業法）へ変更した。

首都圏とは対照的に近畿圏の大手民鉄（軌道法適用の）が地方鉄道法の適用を受けた時期はかなり後年になってからのことである。

## 阪急との合併で今後の成長に大きく期待

創業期の阪神電鉄を資金面で支えた

▶阪急の路線をくぐるように走っていた併用軌道路線だった。モータリゼーションの影響をうけ廃止された。

旧北大阪線

71系

▲明水公園には「金魚鉢」で親しまれてきた阪神の併用軌道を走っていた車両が生態保存されている。

出屋敷駅

◀尼崎海岸線の起点でもあった。当時の面影はなく、その路線は阪神バスに受け継がれている。

のが安田財閥傘下の第三銀行であり社債の引き受けをしている。この安田系に資金を求めて実行したのが日本銀行大阪支店長（初代）でもあり、渋沢栄一、五代友厚を後見人とする阪神電鉄・初代社長の外山脩造である。

田中市兵衛の反対を押して安田系との強化をはかった。

外山は当初、海外での起債を考えたようだが明治30年代初頭にあっては日本企業の実績もなく、受入れ金融機関の不備、抵当制度の不備などから起債できず、そこで安田に支援を求めている。

開業後の路線延長については阪神なんば線のルーツにあたる伝法線→西大阪線、元町延長、出入橋から梅田へのターミナルの移転、武庫川線の延長がある。

一方で路面電車の整理をおこない、国道線、北大阪線、甲子園線、尼崎海岸線などを廃止した。

また次の会社を合併している。

阪神土地信託、北大阪電気軌道、摂津電気鉄道、阪神国道電軌、阪神国道自動車。

右記の中の摂津電気鉄道は1925年1月28日に摂津電気自動車が改称したものである。

▲1933年の竣工当時の形状を活かしたデザインに改装された駅舎は、モダンな中に最新の気遣いが織り込まれている。

◀阪神梅田行きと阪急梅田行き特急が同じホームから発車する光景が見られる。

また1957年6月1日に、同年4月17日に設立した阪神百貨店の事業譲渡をしている。

阪神百貨店は1940年5月に、梅田において「阪神マート」を開業したことに始まり、1951年11月に「阪神百貨店」へ改称。法人としての株式会社阪神百貨店の設立は右記のとおり1957年4月17日である。

バス事業については1933年3月25日に電鉄本体から分離し、同年3月25日に設立した阪神乗合自動車へ譲渡した。

同社は1954年5月29日に阪神タクシーへ改称、1958年6月1日にバス事業のみ電鉄直営にもどし、再び近年の分社化で再度阪神バスとして独立させている。

阪神電鉄は創業以来、企業として複雑な資本の動きがなく経営されてきた民鉄だったが、阪急との統合という改革期を迎えた。

それは誰も予想していなかったことであり、歴史のいたずらだと言えなくもないが、ライバル同士が一体となったことで、力の集約が可能になり今後の成長に資するものと思う。

# 阪神電鉄のあゆみ

| | | |
|---|---|---|
| 1899(明治32) | 6.12 | 摂津電気鉄道(現・阪神電気鉄道)の設立に農商務省から免許 |
| | 7.7 | 社名を阪神電気鉄道と改称 |
| 1905(明治38) | 4.12 | 大阪の出入橋(廃止)～神戸(三宮を経て廃止)間が開業 |
| 1906(明治39) | 12.21 | 出入橋～梅田間が仮線で延伸開業 |
| 1912(大正元) | 11.1 | 神戸を三宮に改称、三宮～滝道(後に廃止)間が延伸開業 |
| 1914(大正3) | 6.12 | 本線の出入橋～梅田間が複線化 |
| | 8.19 | 北大阪線の野田～天満橋筋(後の天満橋筋六丁目)間が開業 |
| 1921(大正10) | 11.7 | 本線での2両連結運転、急行運転が開始 |
| 1924(大正13) | 1.20 | 伝法線(現・阪神なんば線)の大物～伝法間が開業 |
| | 8.1 | 伝法線の伝法～千鳥橋間が延伸開業 |
| | | 甲子園大運動場(現・阪神甲子園球場)が開場 |
| 1926(大正15) | 7.16 | 甲子園線の甲子園～甲子園浜(同年9月18日に浜甲子園と改称)間が開業 |
| 1928(昭和3) | 4.1 | 阪神国道電軌を買収(国道線) |
| | 7.11 | 甲子園線甲子園～上甲子園間が延伸開業 |
| | 12.28 | 伝法線の大物～尼崎間が延伸開業 |
| 1929(昭和4) | 4.14 | 今津出屋敷線の出屋敷～東浜間が開業。後の尼崎海岸線 |
| 1930(昭和5) | 7.9 | 今津出屋敷線の浜甲子園～中津浜間が開業。後に甲子園線に統合 |
| 1933(昭和8) | 5.1 | 六甲高山植物園を開設 |
| | 6.17 | 本線の岩屋～神戸(現・三宮)間が地下線で延伸開業。特急が運転開始 |
| 1935(昭和10) | 12.10 | 大阪野球倶楽部(現・阪神タイガース)を設立 |
| 1936(昭和11) | 3.18 | 本線の三宮～元町間が延伸開業 |
| 1939(昭和14) | 3.21 | 梅田駅が地下化して現在地に移転 |
| 1943(昭和18) | 11.21 | 武庫川線の武庫川～洲先間が開業 |
| 1944(昭和19) | 8.17 | 武庫川線の武庫川～武庫大橋間が延伸開業 |
| 1945(昭和20) | 1.6 | 今津出屋敷線浜甲子園～中津浜間の営業休止 |
| | 12.3 | 戦時に中止していた本線の急行運転を再開 |
| 1954(昭和29) | 9.15 | 本線の梅田～元町間で新型大型車両による特急運転を開始 |
| 1958(昭和33) | 7.24 | 本線で大型高性能車両「ジェットカー」が運転開始 |
| 1962(昭和37) | 12.1 | 尼崎海岸線の出屋敷～高洲間が廃止になり尼崎海岸線全廃 |
| 1964(昭和39) | 4.10 | 本線尼崎駅付近立体交差事業が完成 |
| | 5.2 | 伝法線を西大阪線と改称 |
| | 5.21 | 西大阪線の千鳥橋～西九条間が延伸開業 |
| 1968(昭和43) | 4.7 | 神戸高速鉄道が開業。同線を介して山陽電気鉄道との相互直通運転を開始 |
| 1975(昭和50) | 5.6 | 国道線・甲子園線の野田～浜甲子園間、北大阪線全線が廃止。阪神の路面電車が全廃 |
| 1977(昭和52) | 12.27 | 全線が軌道から地方鉄道に変更 |
| 1984(昭和59) | 4.3 | 武庫川線の洲先～武庫川団地間が開業 |
| 1995(平成7) | 1.17 | 阪神・淡路大震災が発生、同年6月25日まで一部区間が不通となる |
| | 11.1 | 5500系が営業運転開始 |
| 1998(平成10) | 2.15 | 山陽電気鉄道との乗り入れ区間を山陽姫路まで拡大。梅田～山陽姫路間に直通特急 |
| 2001(平成13) | 3.10 | 9300系が営業運転開始 |
| 2006(平成18) | 2.1 | ICカードシステムの「PiTaPa」を導入 |
| | 10.1 | 経営統合により阪急阪神ホールディングスが誕生。同社の完全子会社になる |
| 2007(平成19) | 10.5 | 1000系営業運転開始。 |
| 2009(平成21) | 3.20 | 西九条～阪神難波間が延伸開業、尼崎～阪神難波間の線名を阪神なんば線とする。近畿日本鉄道との相互直通運転を開始 |
| | 4.1 | 神戸高速鉄道の株式を取得し関連会社化 |
| 2010(平成22) | 3.12 | 阪神甲子園球場のリニューアル工事が完了 |
| 2012(平成24) | 3.20 | 三宮駅の東改札口新設などの工事が完了 |
| 2013(平成25) | 3.20 | 阪神三宮駅改良工事が完了 |
| 2014(平成26) | 4.1 | 三宮駅を「神戸三宮駅」に改称 |
| 2015(平成27) | 8.24 | 5700系が営業開始 |

# 会社沿革図

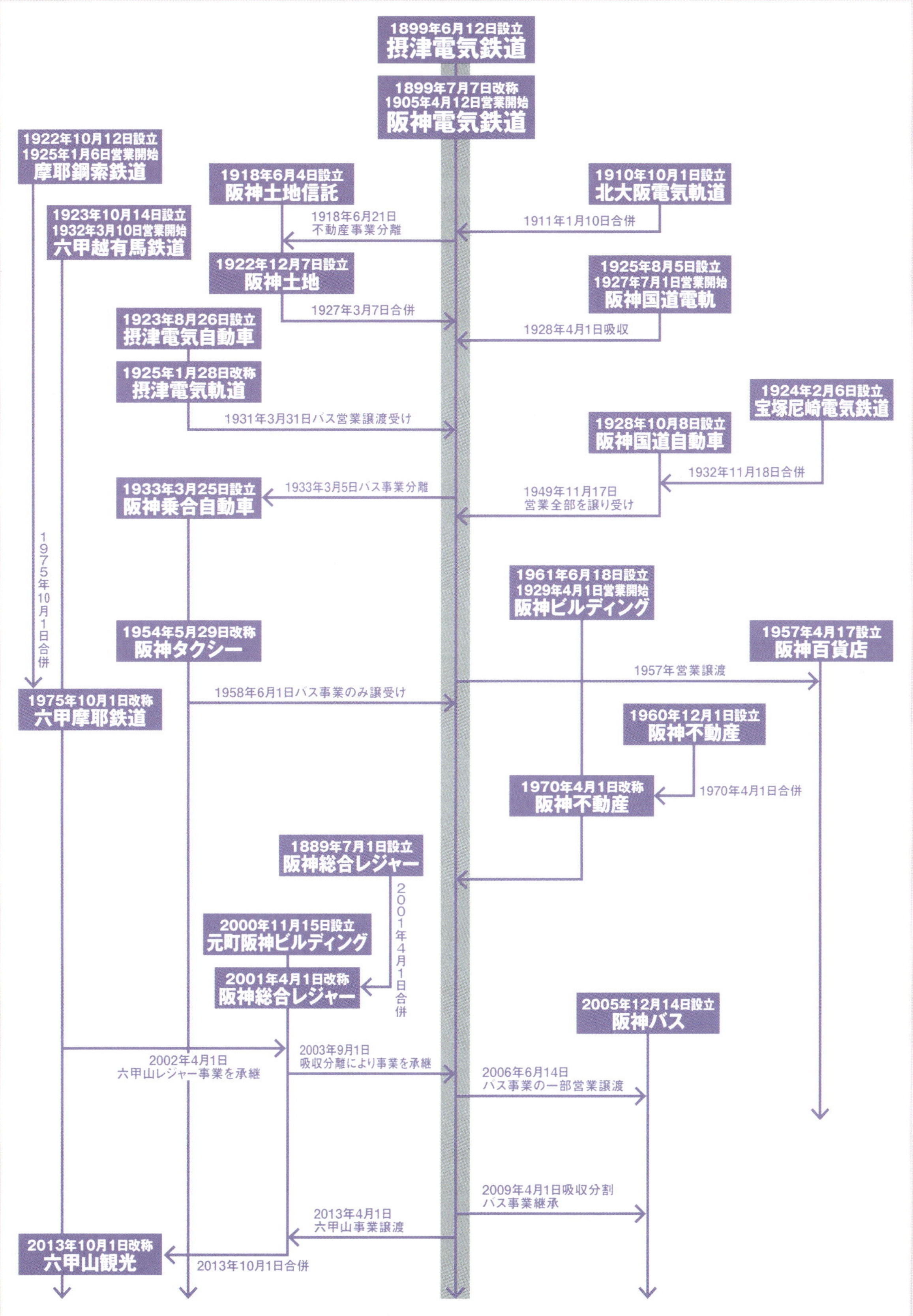
1899年6月12日設立
摂津電気鉄道
1899年7月7日改称
1905年4月12日営業開始
阪神電気鉄道
1922年10月12日設立
1925年1月6日営業開始
摩耶鋼索鉄道
1918年6月4日設立
阪神土地信託
1910年10月1日設立
北大阪電気軌道
1923年10月14日設立
1932年3月10日営業開始
六甲越有馬鉄道
1918年6月21日
不動産事業分離
1911年1月10日合併
1922年12月7日設立
阪神土地
1925年8月5日設立
1927年7月1日営業開始
阪神国道電軌
1927年3月7日合併
1923年8月26日設立
摂津電気自動車
1928年4月1日吸収
1925年1月28日改称
摂津電気軌道
1924年2月6日設立
宝塚尼崎電気鉄道
1931年3月31日バス営業譲渡受け
1928年10月8日設立
阪神国道自動車
1932年11月18日合併
1933年3月25日設立
阪神乗合自動車
1933年3月5日バス事業分離
1949年11月17日
営業全部を譲り受け
1975年10月1日合併
1961年6月18日設立
1929年4月1日営業開始
阪神ビルディング
1954年5月29日改称
阪神タクシー
1957年4月17日設立
阪神百貨店
1957年営業譲渡
1975年10月1日改称
六甲摩耶鉄道
1958年6月1日バス事業のみ譲受け
1960年12月1日設立
阪神不動産
1970年4月1日改称
阪神不動産
1970年4月1日合併
1889年7月1日設立
阪神総合レジャー
2001年4月1日合併
2000年11月15日設立
元町阪神ビルディング
2001年4月1日改称
阪神総合レジャー
2005年12月14日設立
阪神バス
2002年4月1日
六甲山レジャー事業を承継
2003年9月1日
吸収分離により事業を承継
2006年6月14日
バス事業の一部営業譲渡
2009年4月1日吸収分割
バス事業継承
2013年4月1日
六甲山事業譲渡
2013年10月1日改称
六甲山観光
2013年10月1日合併

広岡友紀（ひろおか　ゆき）
鉄道・航空評論家。全国の鉄道関係の著書多数。財界・ホテル問題などにも詳しい。主な著書に『THE 京王電鉄』『THE 京急電鉄』『THE 小田急電鉄』『THE 東急電鉄』『THE 西武鉄道』『THE 東武鉄道』『THE 相模鉄道』『THE 京成電鉄』『リゾート開発と鉄道財閥秘史』（以上、彩流社）、『西武鉄道』『京王電鉄』『小田急電鉄』『西武鉄道』ほか日本の私鉄シリーズ（以上、毎日新聞社）、『大手私鉄比較探見　東日本編―首都圏10社の車両・ダイヤ・ターミナル…』同西日本編、『西武鉄道まるごと探見』『相模鉄道　相鉄の過去・現在・未来』（以上、JTBパブリッシング）、『「西武」堤一族支配の崩壊』（さくら舎）ほか。


# THE《ザ》 阪神電鉄《はんしんでんてつ》

発行日……………2016年9月30日　第1刷　※定価はカバーに表示してあります
著者………………広岡友紀
発行者……………竹内淳夫
発行所……………株式会社彩流社
〒102-0071　東京都千代田区富士見2-2-2
TEL.03-3234-5931 FAX.03-3234-5932
http://www.sairyusha.co.jp/

編集協力…………株式会社天夢人 Temjin
写真協力…………加藤有子、西森 聡、河野孝司、林 要介、木村嘉雄、辻阪昭浩
地図………………ジェイ・マップ
デザイン・DTP……チックス.
印刷………………モリモト印刷株式会社
製本………………株式会社難波製本

Printed in Japan　ISBN978-4-7791-2373-3 C0026
定価はカバーに表示してあります。乱丁・落丁本はお取り替えいたします。